L'ESCLAVAGE

AU

SÉNÉGAL

EN 1880

Par Victor SCHŒLCHER

Prix : 3 francs.

PARIS

LIBRAIRIE CENTRALE DES PUBLICATIONS POPULAIRES

(H.-E. MARTIN, DIRECTEUR)

45, rue des Saints-Pères

1880

L'ESCLAVAGE AU SÉNÉGAL EN 1880

L'ESCLAVAGE

AU

SÉNÉGAL

EN 1880

Par Victor SCHŒLCGER

————◦◦◦————

PARIS

LIBRAIRIE CENTRALE DES PUBLICATIONS POPULAIRES

(H.-E. MARTIN, directeur)

45, Rue des Saints-Pères

—

1880

Cette brochure, où je réfute le discours de M. l'a-
miral Jauréguiberry en faveur de l'esclavage au
Sénégal, était sous presse et déjà à moitié composée
lorsqu'il a quitté le ministère. J'en ai fait achever l'impression, telle que je l'avais écrite, malgré l'éloignement du pouvoir de l'amiral. Destinée qu'elle est à
éclairer, je l'espère, l'opinion publique, la retraite du
ministre ne change rien à la question qui reste entière :
l'esclavage existe encore aujourd'hui dans une colonie
française, le gouvernement de la République ne doit
pas le tolérer.

V. SCHŒLCHER.

L'ESCLAVAGE AU SÉNÉGAL EN 1880

~~~~~~~~

MON INTERPELLATION

~~~~~~~~

SÉNAT

SÉANCE DU LUNDI 1ᵉʳ MARS 1880

M. le président. L'ordre du jour appelle la discussion de l'interpellation de M. Schœlcher et des faits d'esclavage au Sénégal.

La parole est à M. Schœlcher pour développer son interpellation.

M. Schœlcher. Messieurs, l'objet de mon interpellation touche à l'humanité et à la moralité de notre pays ; si je le porte à cette tribune, d'où celui qui parle, si faible que soit sa voix, est entendu de la France entière, c'est qu'il me paraît bon qu'une question aussi grave soit discutée et vidée devant la France entière.

Les journaux ont retenti récemment d'actes d'esclavage qui affligent encore notre colonie du Sénégal. L'opinion publique s'en est émue. Je sais que l'on ne peut pas demander compte de tous au gouvernement. Il n'est pas responsable de ce qui se passe dans les parties de notre colonie africaine, dont les habitants vivent il est vrai sous notre pavillon, acceptent nos commandants, notre domination, mais gardent leur statut personnel. Nous ne pouvons auprès d'eux, sujets et non citoyens français, exercer qu'une influence morale ; nous ne pouvons leur imposer nos lois, nous ne pouvons pas plus leur interdire l'esclavage, que par exemple la polygamie, qui est dans leurs mœurs. Je ne parlerai donc de rien de ce qui les concerne, tout ce que j'ai à dire, se rapporte, je prie le Sénat et M. le ministre de la marine de se le rappeler, se rapporte à des faits arrivés sur des points de notre colonie déclarés *territoire français* et dont les habitants, en même temps qu'ils ont acquis les droits de citoyens français, en ont contracté les obligations.

La loi du 27 avril 1848 abolissant l'esclavage porte, article 7. « Le principe que le sol de France affranchit qui le tou-« che est appliqué aux colonies et possessions de la Répu-« blique. »

Ce principe a été consacré par plusieurs des anciens rois de France et la cour suprême a encore jugé par un arrêt du 3 mai 1852 « qu'il s'applique même aux esclaves qui embarqués sur « un navire, à défaut de matelots libres, auraient seulement « mis le pied sur le sol de la France, sans y séjourner, sauf à « ces esclaves à achever le voyage en vertu de leur engage-« ment, non plus comme esclaves mais comme libres. » (Dalloz, vol. 34, 2ᵉ partie, p. 1270, nᵒ 968.)

De cette disposition de notre droit public il découle que tout esclave touchant un endroit quelconque de notre colonie africaine déclaré territoire français devient par le fait même un homme libre. C'est pourquoi une dépêche ministérielle du 26 octobre 1848 « recommandait au gouverneur du Sénégal « d'avertir les chefs et gens du pays qui viennent chez nous « accompagnés de captifs (nom donné aux esclaves à la côte « d'Afrique) d'avoir à les laisser aux portes de Saint-Louis et « de Gorée, s'ils ne voulaient pas s'exposer à les perdre. » (Dalloz, p. 1271, note de la première colonne.)

Malheureusement on se relâcha de plus en plus de cette méthode sous l'Empire, et les différents cas qui pouvaient se présenter au sujet des captifs furent définitivement réglés par une circulaire du gouverneur de la colonie en date du 15 novembre 1862 complétant un arrêté du 14 novembre 1857. Cette circulaire, adressée à tous les chefs de service, décide : « Art. 5. — Lorsqu'il se trouvera à Saint-Louis, Gorée ou dans

« les comptoirs de Sedhiou et de Carabane des esclaves fugitifs
« des pays amis et que leurs maîtres prouveront qu'ils ont fait
« tout leur possible pour retrouver leur trace de suite après leur
« disparition et viendront les réclamer dans un délai raisonna-
« ble, ces esclaves seront expulsés comme vagabonds dange-
« reux pour l'ordre et la paix publique et conduits au delà des
« frontières du territoire français *où leurs maîtres seront libres*
« *de les reprendre.* »

« Art. 8. — Les esclaves accompagnant les chefs ou gens
« du pays qui viennent pour affaires politiques à Saint-Louis
« ou Gorée, aux comptoirs de Sedhiou et de Carabane seront,
« s'ils réclament un titre de liberté, expulsés immédiate-
« ment et conduits au delà des frontières du territoire fran-
« çais. »

Une autre circulaire en date du 6 mars 1863 stipule :

« Désormais, lorsqu'un habitant d'un des villages placés
« sous notre autorité aura perdu un captif, il devra, dans un
« délai de huit jours, en faire la déclaration au commandant de
« son arrondissement ou au chef de poste le plus rapproché,
« en donnant tous les détails pouvant servir à faire constater
« l'identité de l'homme évadé. Lorsque ce délai n'aura pas été
« rempli, toutes les réclamations ayant pour but de recouvrer
« le captif ne seront point admises. »

Examinons tout de suite ce dernier arrêté. Il demande au
maître le signalement de « l'homme évadé » comme il l'appelle ; ce ne peut être évidemment qu'afin de pouvoir constater
son identité. Mais pourquoi tenir à vérifier son identité ? Evi-
demment encore, ce ne peut être que pour le livrer si on le
découvre. N'est-ce pas là se faire, d'une manière toute béné-
vole, le gendarme du maître et pousser l'amour de la propriété
plus loin que ne le permet le respect de l'humanité ? Reconnaître « l'évadé » pour appartenir au maître et le lui restituer,
ainsi qu'on ferait d'un cheval échappé, quel rôle pour la France
qui se glorifie d'avoir aboli l'esclavage chez elle ! Est-il vraiment indispensable que nous nous en chargions, sous peine de

ne pas vivre en bonne intelligence avec les habitants du petit village esclavagiste placé sous notre autorité ?

J'aborde maintenant la circulaire du 15 novembre 1862. Elle dépouille, comme on l'a vu, notre sol de son miraculeux privilège ; elle admet que l'esclave qui le touche ne sera libre que si « son propriétaire », selon l'expression même employée, ne vient pas « le réclamer dans un délai raisonnable » délai qui a été fixé postérieurement à trois mois !

Pour mettre en jeu ce bizarre arrangement, on oblige l'esclave fugitif à se faire inscrire à un bureau spécial parce qu'autrement, dit-on, on ne pourrait contrôler le temps de son séjour sur la terre française, compter les trois mois au bout desquels, s'il n'est pas réclamé, on consentira à le déclarer libre. Mais cette inscription devient un espèce de piège involontairement tendu au fugitif.

En effet, un maître vient-il demander à Saint-Louis si son captif n'y a pas cherché asile, il n'a qu'à se présenter audit bureau, on compulse le registre des réfugiés, et lorsqu'on y trouve le nom du captif, on conduit celui-ci aux portes de notre ville, où le maître est libre de le reprendre. Voici un document qui témoigne d'une manière irréfragable de ce que j'avance :

« *Gouvernement du Sénégal. Affaires politiques.* »

« Par ordre du gouverneur et conformément à la décision du « 14 novembre 1857, le commissaire de police fera expulser « de Saint-Louis les nommés Sunkarou, Amady, Aly, Dioulde, « Alamazo.

« Réclamés par Sambo-Siré, de Bakel.

« Saint-Louis, le 25 février 1878.

« Pour le directeur des affaires politiques :

« *L'adjoint*, L. MONTEIL. »

Timbre du bureau des
 affaires indigènes.

M· Schœlcher. Toute la pièce est imprimée avec places réservées en blanc, où sont écrits à la main les noms des cinq expulsés, celui du réclamant et la date; d'où la preuve que c'est une pièce administrative d'un usage courant, journalier, et qu'ainsi l'esclavage est dans notre colonie du Sénégal une institution pratiquée ostensiblement, et pratiquée par les représentants de la République!

Notre administration, l'administration française, expulse de Saint-Louis, sans pouvoir articuler aucun grief contre eux, à titre de « vagabonds dangereux », cinq hommes, uniquement, de son propre aveu, parce que le sieur Sambo-Siré les réclame comme sa propriété! Bien plus, elle y met si peu de formes qu'elle lui permet de s'emparer d'eux au delà du pont Faidherbe, où la force armée les abandonne. Or, le pont Faidherbe relie Saint-Louis au village de Bouet-Ville, qui n'est qu'un faubourg de Saint-Louis, et par conséquent en plein territoire français! Les prendre à Bouet-Ville ou à Saint-Louis même, c'est tout un!

Tout dans le fait que je traduis devant vous, messieurs, et qui se repète chaque jour au Sénégal est mauvais, absolument illégal, et exige une prompte répression. L'autorité française y sacrifie le plus noble des principes fondamentaux de notre droit public, elle viole la loi de 1848, elle accepte la légitimité de l'esclavage, elle compromet notre pavillon qui ne protège plus l'opprimé enveloppé de ses couleurs, elle commet une action réprouvée chez tous les peuples civilisés : celle de livrer un proscrit, un malheureux qu'Eschyle et Euripide appelaient un Suppliant, elle offense la dignité humaine en reconnaissant qu'un homme peut être la propriété d'un autre homme; enfin, au lieu d'employer sa haute influence à civiliser l'Afrique, elle pactise avec la démoralisation africaine, au lieu d'élever l'esclave jusqu'à la liberté : elle abaisse la liberté jusqu'à l'esclavage.

Et tout cela, elle ne laisse pas en le faisant d'avoir le sentiment de perpétrer une mauvaise action. Effectivement, l'article 6 de la circulaire de 1862 porte : « Dans aucun cas, ces fugi- « tifs ne seront remis directement entre les mains de leurs pro-

« priétaires. » Non, à la vérité, elle ne va pas jusque là, mais en fait, elle livre très réellement les pauvres îlotes puisqu'à la requête du maître elle les chasse et qu'il n'a, — elle prend soin de le lui dire, — qu'à aller aux bornes de notre territoire pour mettre la main sur eux. Ce qu'elle appelle expulsion s'appelle de son vrai nom extradition au profit de l'esclavage. Comment ! elle prétend ne pas les livrer directement à celui qu'elle nomme leur propriétaire ? Rappelez vous, messieurs, l'article 8 : « Si les esclaves qui accompagnent leurs maîtres « réclament un titre de liberté , *ils seront immédiatement* « *expulsés* et conduits au delà de nos frontières. » Ces maîtres qui voient leurs captifs chassés sous leurs yeux et conduits à la frontière, croyez-vous qu'ils ne les feront pas suivre aux portes de la ville où ils peuvent les reprendre ? Quelle différence réelle y a-t-il entre leur fournir un moyen aussi facile, aussi sûr de les recouvrer ou les mettre entre leurs mains? Rien n'est plus contraire à la loyauté de notre caractère national. (Bruit de conversations.)

M. le président. Je prie le Sénat de garder le silence e t d'écouter l'orateur.

M. Schœlcher. Je traite une question qui touche à l'honneur national... Si toutefois le Sénat ne veut pas m'entendre, je suis prêt à descendre de la tribune.

Voix nombreuses. Parlez ! parlez !

M, Schœlcher. Je m'exprime avec toute la modération et toute la convenance possibles. Je puis faire quelque chose qui ne soit pas très agréable à M. le ministre de la marine et des colonies, mais je n'ai certainement pas l'intention de le blesser. Je traite purement et simplement une question qui me paraît morale au plus haut degré et qui tient essentiellement à l'honneur du pays. (Très bien ! très bien ! Parlez !)

Le département de la marine et des colonies, je le sais et je lui rends de bon cœur cette justice, a plusieurs fois recommandé aux gouverneurs du Sénégal de restreindre le plus possible les concessions serviles que l'on prétend nécessaires à la conservation de nos rapports commerciaux avec nos voisins. Malheureusement il n'y tient pas une main assez ferme, il se croit obligé d'écouter les gouverneurs qui, trop familiarisés avec l'esclavage, invoquent toujours la soi-disant raison d'ordre public pour ne rien faire. En juin 1868, il écrivait encore au chef de la colonie la dépêche suivante :

« Je ne puis me défendre d'appeler votre attention sur le
« caractère exceptionnel des mesures édictées par l'arrêté local
« du 14 décembre 1857, notamment pour l'expulsion et la res-
« titution à leurs maîtres des esclaves qui cherchent un refuge
« dans les parties du territoire sur lesquelles s'étend le privi-
« lège de libération attaché au sol français. Je me rends par-
« faitement bien compte des nécessités politiques qui ont pu
« motiver au début des dispositions de cette nature, mais ces
« dispositions, facilement explicables quand on se rend
« compte de la situation au milieu de laquelle elles ont
« été prises, n'ont jamais pu avoir qu'une portée transitoire
« et doivent se modifier avec l'extension de notre influence. »

On le voit : l'administration centrale estimait que l'arrêté local de 1857 n'avait jamais pu avoir qu'une portée transitoire et devait se modifier avec l'extension de notre influence. Il écrivait cela en 1868.

Les gouverneurs qui se sont succédé ont-ils adouci les mesures inhumaines de 1857, qu'avaient déjà ravivées les arrêtés de 1862 et de 1863 ? Aucunement. L'expulsion de cinq esclaves, datée de Saint-Louis, 26 février 1878, témoigne qu'elles sont encore aujourd'hui, après une seconde période de dix ans, rigoureusement appliquées; qu'autant que jamais l'autorité locale perd complètement de vue le principe émancipateur de la loi de 1848. En suivant cette voie, on dira encore dans cent ans : Attendez que l'extension de notre influence ait changé les mœurs de nos voisins et les ait rendus plus sensibles aux idées de la civilisation.

En somme, il est impossible de le nier, l'esclavage existe à Saint-Louis même, la résidence du gouverneur et du chef de la justice. Ce titre de liberté que l'on accorde à l'esclave que son maître ne réclame pas dans le délai de trois mois, ceux que l'on délivre à des affranchis et qui sont insérés journellement au *Moniteur* de la colonie, sont des actes de pays à esclaves ; ils ternissent la splendeur de notre droit public. On n'affranchit pas d'esclaves là où il n'y a pas d'esclavage. Cet enfant, cet homme auxquels on donne un morceau de papier disant qu'ils sont libres, ils ne devraient pas en avoir besoin dans notre colonie du Sénégal ; il est manifeste qu'ils sont libres, puisqu'ils s'y trouvent. Qu'importe qu'ils aient été esclaves autre part ; il n'y a pas plus de raison pour leur donner une patente de liberté, que pour en donner une à l'Européen qui aborde à Saint-Louis.

Mais l'autorité sénégalaise ne se borne pas là ; elle protège l'infâme traite des noirs. Une lettre de M. Villeger, missionnaire protestant, insérée dans l'*Église libre*, n° du 26 septembre 1879, affirme « qu'à l'exception de Saint-Louis, Gorée et « Dackar, des caravanes d'esclaves traversent librement des « territoires français. Une seule fois, un capitaine commandant « la ville et le canton de Dagana prit sur lui d'arrêter un « convoi ; par ordre supérieur il dut les rendre au négrier. »

J'ai l'honneur de demander à M. le ministre de la marine s'il est instruit du fait signalé par M. Villeger. Dagana étant incontestablement territoire français, ce fait , s'il n'est pas nié par M. le ministre, serait une accusation terrible contre le gouverneur, seul auteur possible de l'ordre supérieur. Peut-on dire que les intérêts de notre commerce exigent que nous permettions aux négriers de traverser librement le territoire de la France sénégalienne avec leur marchandise humaine ?

Poursuivons : « Il a été jugé, par arrêt de la cour suprême « du 1er décembre 1854, que le fait par des individus, même « étrangers, résidant dans une ville d'une colonie française « (le Sénégal), d'avoir vendu comme esclave un noir que sa « présence sur le territoire colonial avait rendu libre, constitue « le crime prévu par l'article 341 du code colonial, détention « arbitraire d'une personne libre. » (Dalloz, vol. 34, 2e part., p. 1270, n° 969.)

Voilà ce que dit la loi : quiconque trafique d'un esclave est criminel au premier chef. Écoutez maintenant, messieurs, ce que dit une lettre de M. Batut, juge à Gorée. Cette lettre datée de Gorée, le 10 mai 1878... (Nouveau bruit.)

M. le président. Écoutez, messieurs. La voix de l'orateur est couverte par les conversations particulières. (Réclamations à droite.)

M. Delsol *et plusieurs sénateurs à droite.* Nous écoutons de ce côté.

M. Schœlcher, *se tournant vers la droite.* Je reconnais, monsieur Delsol, que vous avez la bonté de m'écouter et je vous en remercie de grand cœur ; je reprends.

Cette lettre datée de Gorée, le 10 mai 1878, l'auteur ne la destinait pas à la publicité, je me hâte de le dire, afin que vous ne preniez pas d'avance mauvaise opinion de lui, en supposant qu'il a trahi le secret professionnel. M. Batut, magistrat estimé, est mort à son poste victime de l'épidémie de fièvre jaune qui a fait tant d'autres victimes, hélas! il y a quelques mois dans notre colonie africaine.

Un sénateur à droite. Nous écoutons, mais nous n'entendons pas.

M. Bocher. Élevez un peu la voix !

M. Schœlcher. Je vais m'efforcer de parler plus fort.

Sa lettre était adressée à un de ses amis, et si elle voit le jour, c'est que son ami, informé par les journaux du dessein où j'étais de porter la question de l'esclavage à votre tribune, a cru, comme il dit avec raison, faire œuvre d'humanité en me la communiquant et en m'autorisant à en faire usage.

« Vous vous imaginez en France, écrivait M. Batut, que « l'esclavage n'existe plus depuis 1848. Détrompez-vous, nous « l'avons ici en plein, non pas chez les blancs, mais tous les « noirs ont des esclaves, et ce qu'il y a de plus fort, c'est que « l'administration y tient la main. A Dackar, même dans la « ville, sous les yeux de l'autorité, il y a des esclaves, et lors-

« que l'un d'eux réclame sa liberté, l'administration le force à
« se racheter ou la lui refuse. Pourtant leurs maîtres sont
« citoyens français, soumis aux lois françaises, et en cette qua-
« lité ils votent. Mais tu sais comme tout marche, les gouver-
« neurs font ce qu'ils veulent. J'ai beau dire aux captifs qui
« viennent se plaindre qu'ils sont libres, ils n'osent pas s'éman-
« ciper en présence de l'administration qui veut fermer les
« yeux et qui les laisse vendre *et emporter dans l'intérieur.*
« C'est indigne et affreux de penser que depuis vingt-huit ans
« cette belle loi de 1848 a été ici mise au panier, sous pré-
« texte de politique. Puisqu'elle a été promulguée, elle devrait
« être appliquée, et l'administration surtout ne devrait pas la
« violer en se faisant l'intermédiaire de marchés entre le maître
« et son esclave. »

Il m'a été remis quinze lettres d'esclaves, hommes et femmes,
toutes datées de Dackar, demandant à M. Batut leur liberté ;
il serait trop long d'en citer quelques-unes. Je me bornerai à
vous lire un titre de liberté délivré sur papier timbré et laissé
entre les mains du magistrat ; il vous prouvera que l'esclavage
a encore aujourd'hui sur un territoire français toutes les pratiques d'une institution légale.

« Dackar, l'an 1877, le 7 septembre, moi, Yakoti, déclare
« que la nommée Marianne Gueyre s'est présentée devant moi
« pour se délivrer de l'esclavage. Je soussigné en outre avoir
« reçu de Kourbaly, son mari, la somme de 250 fr. pour la
« rançon de ladite Marianne Gueyre. Toutefois, il demeure
« entendu que Marianne Gueyre, pendant son esclavage, a eu
« quatre enfants, et que l'aîné, Madianga, ayant obtenu de moi
« la liberté pleine et entière, les trois autres restent esclaves.
« Néanmoins, ils pourront être délivrés d'un jour à l'autre s'il
« était de la convenance de la mère ou du père. En foi de quoi
« j'ai signé la présente convention, dont copie est délivrée au
« nommé Kourbaly. »

Il est ainsi avéré qu'à Dackar, où toute créature humaine
est libre de droit, les enfants d'une femme émancipée ne béné-
cient pas même de l'article 47 du Code noir de 1685. Notre

honorable collègue M. Lasteyrie, dont j'ai eu l'honneur d'être le compagnon de lutte pour l'abolition de l'esclavage, se rappelle certainement qu'après deux années de débats devant diverses juridictions, un arrêt de la cour suprême, toutes chambres réunies, prononça qu'en vertu de cet article 47 du Code noir, « l'affranchissement d'une mère esclave entraînait « de droit la liberté de ses enfants impubères. »

Ce célèbre arrêt-loi est du 22 novembre 1844, et le 7 septembre 1877, à Dackar, le sieur Yakoti, en libérant la femme Kourbaly qui se rachète, stipule expressément que les trois enfants de la mère émancipée demeurent ses esclaves !

Ici, messieurs, souffrez que je vous le fasse bien remarquer, on ne peut invoquer la prétendue raison d'Etat qui nous obligerait, en vue de favoriser nos intérêts commerciaux, à ne pas heurter de front les mœurs et les institutions de nos voisins; ils n'ont rien à voir en tout ceci. C'est dans la circonscription judiciaire de Gorée, c'est sur terre reconnue terre française que l'autorité française se fait l'intermédiaire de transactions passées entre maîtres et esclaves et leur donne sa garantie comme à des marchés de meubles ou de bestiaux !

M. Villeger, le missionnaire protestant dont je parlais tout à l'heure, confirme ce que vous venez d'entendre : « Hors de « Saint-Louis, Gorée et Dackar, dit-il, — (il n'avait sans doute « pas visité ces deux places), — on vend et achète encore des « esclaves dans toutes les villes de notre dépendance. Le prix « d'un enfant est de 150 à 200 fr.; celui d'un adulte de 250 à « 300 fr. On donne un homme pour un bœuf, quatre pour un « cheval. La mission catholique a ainsi acheté des esclaves ; « la mission protestante a acheté à Bakel, en 1877, une petite « fille. » (Numéro de l'*Eglise libre* du 26 septembre 1879.)

Vous le voyez, messieurs, pas le moindre doute n'est possible sur l'existence du commerce inhumain qui se fait journellement au Sénégal, en plein territoire français. Voudrez-vous le perpétuer en y donnant votre sanction ?

J'ai peur d'être trop long et cependant je ne puis m'empêcher d'emprunter à M. Villeger un dernier trait dont la nature convaincra M. le ministre de la nécessité pour lui d'intervenir.

« En 18‥6, dit-il, une femme réfugiée à Saint-Louis et récla-
« mée par son maître, est saisie par la police. Pendant qu'on
« l'entraîne, elle pousse des cris à fendre l'âme. Arrivée sur le
« pont Fhaidherbe, elle se jette à l'eau, préférant la mort à la
« servitude ; elle est sauvée par un noir et remise à son maître,
« qui l'attache sur un chameau et l'emmène. J'ai été témoin de
« cette scène, je ne l'oublierai jamais. » Remarquez ces derniers
mots, messieurs, le narrateur se trouvait là, il a été témoin
oculaire de la cruelle scène, il a vu enlever la pauvre
femme.

Avant d'appeler en témoignage devant vous l'auteur de ces
effroyables révélations, j'ai voulu savoir qui il était, j'ai pu
consulter deux magistrats qui l'ont connu au Sénégal, ils m'ont
répondu : Nous ne saurions nous faire les garants de ce que
rapporte M. Villeger, mais nous devons dire que c'est un homme
honorable, tout à fait digne de foi, que lui et sa femme passaient leur vie à des œuvres de charité.

Le *Courrier de la Gironde* reproduisit son article. Bordeaux,
comme on sait, a des intérêts commerciaux de grande importance avec le Sénégal, plusieurs négociants bordelais y ont
habité et entretiennent une correspondance constante avec
cette colonie. Le *Courrier de la Gironde* reçut d'eux une
note qui, vu la source d'où elle émane, est d'un poids considérable dans le débat : « Les renseignements que nous avons pu
« nous procurer, disent ces négociants, nous ont convaincus
« que les faits rapportés par M. Villeger sont exacts. Nous
« avons même appris que le président de la cour du Sénégal,
« ayant, il y a un ou deux ans, commencé des poursuites contre
« deux traitants qui s'étaient livrés au commerce des esclaves
« sur le territoire français, le gouverneur aurait arrêté ces
« poursuites... »

M. le baron de Lareinty. C'est une délation !

M. Schœlcher. Eh bien, croyez-vous qu'il ne soit pas bon de
révéler des faits comme ceux-là ? Je m'en charge très volon-
tiers...

M. Barthélemy Saint-Hilaire. Très bien !

M. Schœlcher. Quand on commettra un crime, je n'hésiterai jamais à le révéler. Vous pourrez appeler cela une délation si vous voulez, je ne m'en inquiéterai nullement. (Très bien ! à gauche.)

Je continue : « ... La question fut portée devant le ministre « et finalement les coupables n'ont pas été inquiétés. » (*Cour-« rier de la Gironde*, 10 octobre 1879). Cet acte remonterait à deux ans, j'ai l'honneur de demander à M. le ministre s'il pense que ceux qui le publient ne disent pas la vérité ?

M. Fourcand. Je demande la parole.

M. Schœlcher. Je ne me porte pas garant, je cite le fait.

M. le baron de Lareinty. Quant on ne se porte pas garant, on n'accuse pas des officiers de l'armée française !

M. Schœlcher. Je n'accuse pas, je ne me porte pas garant, je cite un fait ; j'ai le droit de l'apporter à la tribune quand il m'est affirmé par des hommes dignes de foi.

MM. Ferrouillat et Oudet. Très bien (1) !

M. Schœlcher. Je ne me crois pas coupable d'agir légère- ment, je dirai tout à l'heure pourquoi, en avançant que le même gouverneur aurait récemment commis un nouvel abus

---

(1) Si l'on veut juger de la bonne foi de certains ennemis de la Répu- blique, il faut lire le compte rendu que le journal *la Civilisation* a fait de cet incident : « M. Schœlcher accuse le gouverneur du Sénégal, le « colonel Brière, créole de la Martinique, d'avoir arrêté le cours de la « justice dans la colonie. — C'est une délation ! s'écrie M. le baron La- « reinty. — Je ne me porte pas garant, réplique piteusement M Schœl- « cher, je cite le fait. — Quand on ne se porte pas garant, riposte avec « indignation le sénateur royaliste, on n'accuse pas des officiers de l'ar- « mée française. — Je m'empresse de le dire, messieurs, balbutie le pau- « vre M. Schœlcher, je n'affirme pas d'une manière absolue. — On peu « juger par cet incident de la valeur des accusations du citoyen Schœl- « cher, ancien colonel de l'artillerie de la garde nationale. »

On dit que *la Civilisation* est un journal légitimiste et religieux. C'est possible ; mais je suis sûr que les légitimistes et les hommes religieux trouveront ce genre de procédé d'une civilisation bien corrompue.

d'autorité peut-être plus déplorable encore. Le procureur de
la République à Saint-Louis est saisi d'une affaire de trafic
d'esclaves, et après examen des pièces de la procédure, il met
les accusés en état d'arrestation pour passer devant la cour
d'assises. Le gouverneur, apprenant la chose, lui enjoint par
écrit de mettre les inculpés en liberté. Le magistrat répond
qu'il ne lui est pas permis d'obéir à une telle injonction. Parmi
ceux qui me font l'honneur de m'écouter, il y a des magistrats,
je m'assure que tous diront que le procureur de la République
en refusant d'obéir accomplissait un de ses plus impérieux
devoirs. (Très bien! à gauche.) Que fait alors le chef de la
colonie ? il adresse au concierge de la maison d'arrêt un ordre
d'élargissement, et les deux prisonniers sont rendus à la
liberté! Voilà donc un gouverneur qui annule une instruction
commencée; qui ouvre, par effraction d'ordre supérieur, les
portes de la prison, où attendent jugement deux personnes
accusées de crime; il délie ainsi ce que la justice avait lié,
employant à violer la loi l'autorité même dont il est revêtu
pour la faire respecter de tous.

MM. Oudet et Ferrouillat. Très bien !

M. Schœlcher. Je m'empresse de le dire, messieurs, je n'affirme pas d'une manière absolue...

M. le baron de Lareinty. Ah !

M. Schœlcher. ... ce que je relate devant vous, car je ne
puis le savoir du magistrat lui-même, retenu qu'il est par le terrible secret professionnel; mais le correspondant à qui je dois
mon information est un homme très sérieux et qui m'inspire
pleine confiance. Toutefois, j'en réfère à M. le ministre. Mon
assertion tombe en même temps qu'elle est produite, et le
gouverneur est parfaitement lavé d'une imputation menson-
gère, si M. le ministre dit que j'ai été trompé, mais s'il ne le
dit pas, nul ici, à droite comme à gauche, ne contestera que
jamais atteinte plus violente ne fut portée à la justice, et
quand le pouvoir exécutif écrase la justice, c'est l'anarchie
qu'il déchaîne, rien ne reste debout dans l'Etat.

M. Hervé de Saisy. Très bien !

M. Schœlcher. J'attends avec toute la réserve convenable la réponse que **M.** le ministre voudra bien me faire (1).

Je viens de montrer que la France au Sénégal ne se contente pas même de tolérer l'esclavage, qu'elle y participe officiellement, directement. Que nous dit-on pour s'en excuser ? le voici : Au Sénégal, nous sommes entourés de populations chez lesquelles l'esclavage fait partie intégrante des mœurs et des institutions, si vous voulez appliquer rigoureusement notre droit public, si vous voulez faire de notre colonie un lieu d'asile, prenez garde, l'idée peut être généreuse, mais elle amènera bientôt la rupture de toutes relations avec l'extérieur, elle coûtera à la France d'abord le commerce que font Bordeaux et Marseille dans ces parages, et ensuite la grosse dépense à laquelle monterait l'entretien d'une garnison nombreuse dont vous auriez besoin pour vous défendre contre des voisins devenus ennemis, garnison dont un dixième mourrait chaque année, tuée par le climat, ce qui serait une étrange façon de faire de l'humanité. Je n'ai pas amoindri la force des objections.

M. Paris. Nous n'avons rien entendu ! (Bruit.)

M. Schœlcher. Je suis prêt, si quelques membres le demandent, à répéter ce que je disais.

Pour ce qui est de la dernière objection, je n'hésite pas à répondre qu'elle n'a vraiment rien de solide. On ne fera

(1) Le ministre n'a pas répondu. Le fait est authentique. Le magistrat dont il est ici question, M. Lejamble, a pu en parler à ses amis, mais j'affirme que je ne le tiens de lui ni directement ni indirectement. Il est impossible d'ailleurs que la connaissance d'une pareille énormité ne se soit pas répandue tout naturellement. M. Lejamble vient d'être déplacé. Le gouverneur demande à un magistrat un acte absolument contraire à ses devoirs, le magistrat refuse :

« Je ne puis pas du tout consentir à ma honte. »

Le gouverneur passe outre ; il fait violence à la justice. Le ministre envoie le magistrat en disgrâce à Tahiti, et M. Brière de l'Île, le gouverneur, reste chef de la colonie ! Deux scandales.

M. Lejamble a donné sa démission.

croire à personne, connaissant le pays, que si nous gardions
leurs esclaves fugitifs, les nations voisines se coaliseraient
pour assiéger nos villes et nos postes. D'ailleurs, en fus-
sent-elles tentées par impossible, je soutiens que s'il fallait
en venir à l'affreuse extrémité de l'*ultima ratio*, dont elles
auraient seules la responsabilité, la lutte ne serait pas longue.
Je ne l'ignore pas, les Africains se battent bien, ils sont intré-
pides et ils auraient l'avantage du nombre, mais, outre que
nous sommes aussi vaillants qu'eux, nous avons la science, la
supériorité de notre armement, le prestige du nom français et
la puissance de notre autorité morale.

L'expérience de nos combats à la côte d'Afrique nous garan-
tit qu'avec nos alliés et sans augmenter nos garnisons actuelles
nous serions toujours assurés d'une prompte victoire. Je suis
certain de n'être pas contredit par M. le ministre de la marine :
il a contribué pour sa part à rendre l'expérience démonstrative.
Mais je répète, et quiconque connaît le pays dira de même,
que toute crainte de guerre doit être écartée de ce débat.

Quant à redouter la cessation de nos relations commerciales,
une telle crainte n'est pas mieux fondée. Le Cayor, le Fouta,
le Oualo, les maures Trarzas eux-mêmes tirent de ces relations
au moins autant de bénéfice que nous, ils auraient trop à
perdre pour vouloir jamais y renoncer.

Les chefs indigènes qui fréquentent nos établissements pour
affaires politiques ou commerciales sont dans l'usage de se
faire accompagner de serviteurs captifs. Vouloir faire bénéfi-
cier ceux-ci des termes de la loi du 27 avril 1848 équivaudrait,
assure-t-on, aux yeux des maîtres, à une véritable spoliation
et amènerait bientôt une rupture avec l'extérieur. Quant à
moi, je n'en crois rien par les raisons que je viens d'exposer.
Mais admettons le danger que l'on imagine, nous avons un
moyen très simple d'y parer, indiqué par la dépêche ministérielle du 26 octobre 1848. Que ces fastueux indigènes soient
bien avertis de la puissance libératrice de notre sol, qu'ils
soient invités à laisser leurs serviteurs captifs à nos frontières,
chose certainement fort peu humiliante, et le danger est évité.

Mais dira-t-on : ces captifs ne sont pas toujours une suite de luxe, ils sont quelquefois porteurs de marchandises. Par qui les maîtres pourraient-ils les remplacer? Je réponds que quand la nécessité commande, on trouve toujours quelque moyen de vaincre les difficultés. Ces porteurs ne sont jamais très nombreux, il ne sera pas impossible, par exemple, de les laisser aux portes de la ville, dont quelques habitants pauvres iraient prendre leurs charges moyennant un faible salaire. Je ne dis pas que ce soit très facile, mais rien n'est très facile. Que l'on cherche et on trouvera. Au résumé, la liberté et l'esclavage sont en présence sur les territoires français du Sénégal; est-ce donc la liberté qui doit céder? Après tout, nous respectons leurs lois chez nos voisins, ils ne peuvent trouver mauvais que nous exigions d'eux de respecter les nôtres chez nous; c'est la règle la plus simple du droit des gens.

Pour fortifier mon opinion sur ce sujet, permettez-moi, messieurs, d'employer une image. Ce ne sera pas long. Supposons que la puissance morale de notre sol, au lieu d'être libératrice, eût un effet physique qui frapperait d'une espèce de paralysie tout esclave qui y mettrait le pied. Peut-on croire que nos voisins se priveraient des avantages qu'ils trouvent à échanger leurs produits contre les nôtres et renonceraient à des habitudes contractées pendant deux siècles de rapports avec nous, plutôt que de renoncer à se faire suivre de quelques captifs? Assurément non. Ne parlons même pas du culte des principes qu'on ne saurait abandonner sans déchoir; il ne reste donc pas de motifs valables pour leur faire une concession qui offense nos lois. Je le sais, plus ils sont incapables de lutter avec nous, plus nous devons user de ménagements envers eux; mais cela ne saurait aller jusqu'à leur sacrifier, pour ne point gêner leur barbarie, le droit d'asile de notre sol, ce droit sublime qu'avaient déjà les temples d'Hercule il y a trente siècles. Fût-il vrai que nous ne puissions vivre au Sénégal qu'à ce prix, l'honneur national ne nous permettrait pas d'y demeurer. Un peuple qui marche à la tête de la civilisation ne peut, en considération de quoi que ce soit, pactiser avec l'esclavage.

Fût-il vrai encore que notre commerce à la côte occidentale d'Afrique eût un peu à souffrir pendant quelque temps de l'application de notre droit public, je dis que les intérêts moraux doivent toujours être mis au-dessus des intérêts matériels, que les intérêts matériels gagnent toujours finalement au triomphe des intérêts moraux, et qu'il n'est pas d'avantages commerciaux ou politiques qu'on puisse légitimement faire prévaloir sur les droits imprescriptibles de l'humanité.

Mais, je le répète, rien n'est à redouter de ce côté. J'ajoute, pour dissiper plus complètement des craintes chimériques, que les populations noires qui entourent nos établissements au Sénégal trouvent à vivre en paix avec nous, et dans notre alliance une sécurité qu'elles seraient désolées de perdre; si nous n'étions pas là, elles le savent très-bien, les habitants de la rive gauche du fleuve seraient souvent pillés par les Maures de la rive droite.

Une raison de plus pour ne rien abandonner de notre droit public, c'est que ceux-là même qui ont une partie de leur fortune engagée dans cette question n'y voient pas les dangers pour leur négoce que l'autorité met en avant pour s'excuser de transiger avec l'esclavage. Dans la note des négociants bordelais que j'ai citée plus haut, tout en admettant que la tolérance dont l'administration locale use envers la servitude lui est imposée par les mœurs des peuplades qui enserrent notre colonie, ils n'en disent pas moins : « Lorsqu'un esclave « vient sur un territoire français réclamer sa liberté, le gou- « vernement n'a pas le droit, quoi qu'il puisse arriver, de lui « faire un déni de justice. » (Voir le *Courrier de la Gironde* du 10 octobre 1879.) Tiendraient-ils ce langage s'ils croyaient leur ruine comprise dans le « quoi qu'il puisse arriver? »

J'ai encore à dire ceci : Du temps de l'esclavage, en 1848, les habitants de Saint-Louis achetaient journellement des hommes volés dans le Cayor, le Fouta et autres pays voisins ; quelles que fussent les plaintes des parents et des amis de ces malheureux, on ne les rendait pas, et il n'en résulta jamais aucune difficulté avec l'extérieur, on ne peut donc dire aujourd'hui qu'il faut livrer à leur maître les captifs réfugiés sous notre pavillon pour éviter de soulever contre nous ces peuplades chez lesquelles on faisait alors impunément la chasse à l'homme au profit de notre cupidité!

Du reste, si les dangers que nous ferait courir, dit-on, l'application honnête de la loi d'avril 1848, étaient réels, le mal se serait déjà produit, grâce à la circulaire même de novembre 1862. En effet, qu'arrive-t-il en vertu de son article 5? Un maître vient-il réclamer son esclave trois mois après la fuite de celui-ci, on ne consent pas à le lui livrer. On le déclare libre; quelle bonne raison peut-on en donner au maître? Le fugitif est-il moins sa propriété, puisqu'on veut qu'il y ait propriété, parce qu'il ne l'a pas réclamé dans le délai qu'il nous a plu de fixer? Ne va-t-il pas se fâcher, crier à la spoliation? Pourquoi n'en avoir pas peur? Ne nous retranchons donc plus derrière ces éventualités de rupture. Si elles ne couvraient pas pour l'esclavage plus d'indulgence qu'il n'en faudrait avoir, on aurait autant à redouter pour nos comptoirs en retenant l'esclave au bout de cent jours, qu'en le retenant au bout de deux jours? Trois mois après avoir perdu ce que, par une adhésion consciente ou inconsciente à la servitude, on appelle encore sa propriété, il ne se plaint pas que vous lui accordiez votre sauvegarde; plus logique que vous, il ne se plaindrait pas davantage que vous voulussiez la conserver sous votre égide, le jour même où cette propriété pensante serait venue implorer votre protection de grand peuple, ayant une morale et le culte de la dignité humaine. Nous voulons civiliser l'Afrique, commençons par nous y rendre respectables en ne faisant pas taire nos lois devant l'esclavage.

En 1522, à la suite du mémorable siège de Metz, que François de Guise (celui-là n'était pas un traître) força Charles-Quint de lever après deux mois d'attaque, un officier espagnol ayant fait demander à notre général un esclave qui s'était sauvé dans la ville avec un de ses chevaux, Guise fit racheter le cheval et le renvoya à l'officier espagnol avec une lettre où il lui disait : « Quant à l'esclave, cet homme est devenu libre en mettant le pied sur une terre de France, je ne puis vous le rendre pour qu'il retrouve ses fers, ce serait violer les lois du royaume. Votre bien bon ami, F. de Guise. »

Quoi! voilà ce qu'on voyait en France il y a près de quatre siècles ; quoi! la formidable puissance des États-Unis, alors qu'elle était souillée par l'esclavage, n'a jamais osé réclamer de l'Angleterre les esclaves qui parvenaient à se réfugier au Canada, et aujourd'hui en 1880, le représentant de la France ne pourrait pas dire à un maître africain : « Quant à votre captif, je ne puis vous le rendre pour qu'il retrouve ses fers, ce serait violer les lois de la République! »

Avant de finir, j'ai besoin d'expliquer d'une manière très-précise la pensée qui m'anime dans cette question. Bien que je sois un abolitionniste passionné, je n'y apporte aucun fanatisme. Je ne demande que l'application pure et simple de notre droit public séculaire. Rien de moins, mais rien de plus. Je ne prétends pas que nous allions faire de la propagande aboli¦ionniste autour de nous au Sénégal; non, et je vous prie, messieurs, de me permettre d'insister sur ce point. Ce que je demande, c'est que dans les petits territoires français que nous avons au bas du fleuve, Saint-Louis, Gorée, Dackar, Rufisque, Carabane, Sedhiou et Dagana, nous ne laissions pas périmer le droit d'asile qui est leur plus bel apanage. Il n'y a certes là rien d'exagéré, et je crois avoir démontré qu'il n'y a, pour nos relations commerciales et politiques à la côte occidentale d'Afrique, aucun danger réel à courir. En définitive, la liberté que confère notre sol à tout esclave qui le touche est, il est vrai, absolue, et je ne m'en cache pas, je ne manquerais pas de lui bien dire qu'elle est irrévocable. La France est comme le Dieu de saint Paul ; elle ne reprend pas ses dons ; mais cette liberté acquise à l'esclave n'est point obligatoire, il n'est nullement forcé de s'en prévaloir.

Dûment affranchi, il rentre dans la possession de lui-même, il lui est donc parfaitement loisible d'aller à deux pas de nos frontières reprendre ses fers, s'il en a le goût; au cas où il userait ainsi de son indépendance, je le déplorerais, mais personne n'a le droit de l'empêcher. Tout ce que je veux, c'est que, s'il refuse de suivre celui qui était son maitre, on ne l'y force ni directement ni indirectement.

Cela ne doit pas être, parce que notre droit public, la morale et l'humanité ensemble le défendent. Ce qu'elles exigent, au contraire, c'est que le représentant de la France le protège énergiquement contre toute entreprise de son prétendu maître.

Veuillez, messieurs, m'accorder quelques minutes encore... (Exclamations.) Si vous voulez que je descende de la tribune, je suis prêt à le faire. Je ne veux pas m'imposer à l'attention du Sénat; j'ai cependant la conviction de défendre une cause très-légitime et je ne crois pas avoir, jusqu'à présent, abusé des instants du Sénat. (Non! non! parlez!)

Je voudrais répondre à une considération dont, je le sais, M. le ministre se préoccupe à très-juste titre et qui pourrait produire une grande impression sur vos esprits. La France songe, en ce moment, à relier par des voies ferrées notre colonie du Sénégal avec le Niger. C'est une entreprise digne d'elle, une œuvre de la plus haute portée tout à la fois morale, politique et économique; elle est destinée à nous mettre en relation constante avec 30 ou 40 millions d'habitants répandus dans le bassin du Niger. D'après le rapport de tous ces admirables voyageurs qui sillonnent l'intérieur de l'Afrique, ils vivent dans un état de demi-civilisation, et deviendront sans doute des consommateurs de marchandises sorties de nos fabriques. Déjà nous avons à Médine un chantier occupant près de 500 terrassiers, et l'on a commencé le tracé de la ligne jusqu'à Boufalabé. A ces vastes travaux, fait-on observer, il est impossible d'employer d'autres ouvriers que ceux fournis par les populations que nous traversons.

Or, ces ouvriers sont en assez grande partie des esclaves, et s'ils pouvaient trouver la liberté sur nos chantiers, jamais les maîtres ne consentiraient à nous les louer. Cette crainte ne doit rien arrêter; voici, pour la dissiper, une raison péremptoire qui vous convaincra. Nous ne sommes pas là chez nous, nous sommes en pays étranger; par conséquent les captifs qui viennent travailler sur nos chantiers n'y peuvent profiter des avantages dont ils jouissent exclusivement sur la terre de France.

On ne saurait donc nous reprocher d'inquiéter la barbarie
de la société africaine, parce que nous maintiendrons à une
distance considérable du bassin du Niger le privilége de notre
sol sur les quelques points du bas du fleuve qui sont devenus
territoires français. Ces territoires, d'ailleurs très-circonscrits,
ne sont pas séparés de Médine par moins de 840 kilomètres.
Rien de plus facile, d'ailleurs, que de rassurer les maîtres en
proclamant très-haut partout, à mesure que nous avancerons,
que les captifs employés dans nos chantiers ne peuvent espérer
d'y obtenir leur liberté.

Messieurs, il n'y a pas à se le dissimuler. Le gouvernement, en rendant le captif que notre sol a libéré, met par le
fait un homme libre en esclavage, crime prévu et puni par
notre code pénal. Si on parvient à vous faire croire aux dangers imaginaires que l'on grossit pour innocenter cet état de
choses et que vous veuilliez en tenir compte, il faudrait reti-
rer notre pavillon des villes françaises du Sénégal, où l'esclavage lui imprime une tache infamante. Il n'y a pas de raison
d'Etat, — j'en appelle, pour me soutenir, aux jurisconsultes
nombreux sur nos bancs, — il n'y a pas de raison d'Etat qui
puisse justifier la violation flagrante, permanente d'une loi. Si
celle que j'invoque vous paraît réellement nuisible à des intérêts que vous jugez essentiels, vitaux, ayez le courage de la
rayer de notre législation.

Les lois forment les fondements de la société ; en République, elles remplacent la majesté des rois de l'ancien régime,
elles sont le véritable souverain; lorsque le gouvernement,
qui a pour premier devoir de sa charge de les faire observer,
en viole une, il les viole toutes, il commet un attentat contre la
société qu'il ébranle. Celle du 27 avril 1848 est formelle dans
sa lettre comme dans son esprit ; vous ne voudrez pas, messieurs, tolérer à la face du monde civilisé qu'elle reste plus
longtemps dépouillée de sa part de souveraineté. Ou il faut
l'abroger résolûment, ou il faut l'appliquer scrupuleusement.
L'un ou l'autre parti est à prendre. (Très-bien ! très-bien !
ur divers bancs.)

RÉPONSE DU MINISTRE

M. le président. La parole est à M. le ministre de la marine et des colonies.

M. l'amiral Jauréguiberry, *ministre de la marine et des colonies*. Messieurs, pour que les explications que j'ai à donner au Sénat soient plus précises et plus claires, je vous demande la permission de dire en quelques mots quelle est la situation de nos établissements au Sénégal.

En 1848, vous le savez sans doute, nous ne possédions dans ce pays que deux villes, toutes les deux situées sur des îlots ; Saint-Louis et Gorée, et, de plus, quelques postes plus ou ou moins fortifiés répandus sur les bords du grand fleuve ou sur la rivière de Casamance.

Mais, depuis cette époque, nos domaines se sont accrus, surtout au moment où l'un de nos honorables collègues se trouvait à la tête de notre colonie.

Des possessions, en nombre assez considérable, sont venues augmenter celles que nous avions déjà Ces acquisitions se sont faites, soit à la suite d'expéditions militaires habilement dirigées, soit par voie de traités librement consentis, soit enfin parce que des tribus réclamaient notre protectorat.

Dans toutes ces annexions, on s'est formellement engagé à respecter les mœurs, les habitudes, le statut personnel, les traditions de toutes ces tribus et, dans ces traditions, figure au premier rang ce qu'on appelle l'esclavage, mais qui n'est, pour parler plus exactement, qu'une espèce de servage héréditaire. Les individus qui font partie de cette classe de la population constituent toute la domesticité, tous les ouvriers, laboureurs compris. Ils jouissent de priviléges, de garanties parfaitement définies et pour lesquelles les peuplades du Sénégal professent un très-grand respect.

Du reste, pour vous prouver que cet esclavage ne ressemble
en aucune façon à celui qui a affligé pendant un certain temps
l'Amérique, je vous demande la permission de vous lire quelques mots que j'ai trouvés dans un rapport adressé à l'un de
mes prédécesseurs, il y a trois ans, par un inspecteur en chef.
Ce n'était pas, par conséquent, un gouverneur, un homme su-
bissant les influences délétères du climat ou la pression de
préjugés contre lesquels il faut s'élever ; c'était un inspecteur
envoyé au Sénégal pour constater comment les lois et règle-
ments y étaient observés.

A propos de l'esclavage, voici ce que j'ai trouvé dans ce
rapport :

« On donnera une idée assez exacte du peu de défaveur qui
s'attache encore dans ce pays à l'idée de captivité, en disant
qu'il y a peu d'années un candidat à la représentation nationale, pour assurer son élection par le suffrage des noirs des
faubourgs, leur faisait promettre, comme amélioration de la
situation sociale du pays, le rétablissement de la captivité. »
(Rires sur plusieurs bancs.)

J'ai tout lieu de supposer que ce candidat a été élu.

Par suite, on a cru devoir laisser à la plupart des territoires
annexés, dont les habitants, ainsi que le définissait une circulaire émanée du ministère de la République en 1849, sont, non
pas des citoyens français, mais des sujets français, on a cru
devoir, dis je, leur laisser le droit de s'administrer eux-mêmes,
d'après leurs anciennes institutions.

Il résulte de ces faits que, si le principe fondamental de la
loi française en vertu duquel tout individu captif, foulant le
sol du territoire français, est déclaré immédiatement libre, si
ce principe était mis en pratique sans restriction, sans tempé-
rament, dans nos possessions du Sénégal où notre domination s'exerce dans toute sa plénitude, on n'a pas pu l'appliquer
dans tous les territoires qui nous environnent.

Je dirai même que, sur plusieurs points, les villages qui
nous entourent, dans lesquels nos postes sont en quelque sorte
enclavés, sont administrés d'après les us et coutumes locales,

jouissent d'une autonomie complète, tandis que ces postes sont administrés d'après la loi française ; et jamais, je le déclare ici hautement, jamais, comme on vous l'a dit, on n'a vu sur ces territoires ou dans ces villes aucune vente, aucun marché d'esclaves qui n'ait été immédiatement réprimé et sévèrement puni. (Approbation à gauche et au centre.)

Je vous parlais, en commençant, des postes répandus sur les bords du fleuve et dans la Casamance. Ces établissements sont des comptoirs, ou plutôt des escales entourées par une enceinte et à l'abri desquelles s'entassent les marchandises qui servent à entretenir nos relations commerciales avec les indigènes. En échange de ces marchandises, qui tiennent lieu de monnaie, les indigènes apportent chez nous les produits de leur sol, produits qui se composent, comme vous le savez, de gomme, d'un peu de poudre d'or, d'ivoire, de graines oléagineuses, et de quelques autres produits de moindre importance, principalement d'une graine qui forme la base fondamentale de la nourriture des habitants du Sénégal. Cette graine est une espèce de millet. C'est donc vous dire que notre colonie n'a d'autre raison d'être que son trafic avec les tribus environnantes, et que, si ce trafic, si ces relations commerciales étaient détruites, notre colonie serait immédiatement perdue.

M. Fourcand. Vous avez bien raison !

M. le ministre. Pour la conserver, il faut évidemment nous maintenir en bons termes avec les peuplades qui nous entourent, au milieu desquelles nous vivons et qui transportent chez nous le produit de leur sol. Elles y viennent en caravanes nombreuses. J'ai même entendu dire que quelquefois ces caravanes atteignaient le chiffre de plusieurs milliers de personnes.

Dans ce grand nombre d'individus figurent nécessairement les esclaves ou les captifs qui accompagnent leurs maîtres : ce sont leurs domestiques, leurs conducteurs de chameaux, de bêtes de somme, et quelquefois même leurs porteurs. Mais pour les simples transactions commerciales, pour les achats nécessaires à la vie de chaque jour, comme pour l'acquisition de vêtements, d'ustensiles de ménage, de produits divers de notre

industrie, on voit tous les jours venir dans nos villes des individus accompagnés de deux ou trois personnes, qui ne sont
autres que des domestiques.

Or, d'après nos lois, ces domestiques, que nous appelons des
esclaves, devraient être immédiatement affranchis au moment
où ils mettent le pied chez nous, et vous comprenez quels immenses inconvénients résulteraient d'une pareille application
de nos lois. D'abord, il y aurait des difficultés pratiques consi-
dérables.

La plupart du temps, il n'y a pas de murs autour des villages
placés sous notre protection ; il faudrait entourer nos territoires, où l'on pénètre de tous les côtés, d'un nombre considérable d'agents qui demanderaient à chacun : Êtes-vous libre,
êtes-vous esclave? afin de déclarer immédiatement tout esclave
affranchi, et de renvoyer les maîtres seuls chez eux.

Dans de telles conditions, le commerce et même les transactions de chaque jour deviendraient immédiatement impossibles.

Voix nombreuses. C'est évident !

M. le ministre. C'est pour obvier aux immenses inconvénients qui résulteraient d'une pareille éventualité, qu'il a été
admis au Sénégal, non pas à partir de 1862, — je m'explique-
rai tout à l'heure sur cette date, — mais de tout temps, depuis
le mois de mai 1848, qu'on laisserait libres de circuler chez
nous les indigènes et leurs captifs.

Il est une autre question dont il a fallu aussi se préoccuper.
Cette question soulevait des difficultés très-considérables, et
la solution qu'on lui a donnée a amené, vous l'avez entendu,
des plaintes très vives de la part de notre honorable collègue :
je veux parler de la réglementation d'après laquelle on expulse,
sous certaines conditions déterminées, les captifs évadés.

Ici encore on a été contraint d'obéir à une nécessité impérieuse ; car il ne fallait pas que notre colonie devînt le refuge
de tous les vagabonds, de tous les paresseux, de tous les dé-
classés, de tous les criminels, de tous les mécontents, et l'expérience a démontré que ce sont des individus appartenant à
ces catégories qui viennent seuls chercher chez nous l'impunité.

Dès lors, qu'a-t-on fait ? Le gouvernement de la métropole — ce n'est pas le gouverneur — le gouvernement de la métropole, dis-je, a attribué au gouverneur du Sénégal les droits que la loi du 3 décembre 1849 confère en France au ministre de l'intérieur et aux préfets des départements.

Cette loi, messieurs, je n'ai pas besoin de vous en lire les articles, vous les connaissez tous aussi bien que moi. Mais on a eu soin, par égard pour notre juste horreur pour l'esclavage, d'accompagner la mise en pratique de ladite loi de toutes les précautions, commandées par les règles les plus impérieuses de l'humanité. — Ainsi, jamais les captifs ne sont livrés entre les mains de leurs maîtres, lors même que ceux ci viennent les réclamer; on les ramène de nuit à la limite de notre territoire, de manière que le maître ne sache pas de quel côté sortira l'esclave, ni à quelle heure il sera conduit à la frontière ; et, arrivé là, l'expulsé est libre de choisir la route qui convient le mieux à ses desseins ; on ne permet jamais au maître de s'y trouver pour le saisir.

Si des évadés réussissent à prouver, — et cela leur est très-facile — qu'ils résident depuis un certain temps dans la colonie, on leur délivre un titre qui les met à l'abri de toute espèce de réclamation. Si enfin ils parviennent — ce qui se voit très-fréquemment — à s'engager dans le bataillon des tirailleurs sénégalais, le fait seul d'avoir revêtu l'uniforme français les met à l'abri de toutes poursuites.

Induit, sans doute, en erreur par des assertions dont il n'a pas eu probablement le loisir de contrôler la véracité, l'honorable M. Schœlcher semble croire que les règles dont je viens de vous présenter la rapide analyse n'ont été introduites au Sénégal qu'au mois de novembre 1862.

Je démontrerai que c'est là une erreur et que le soi-disant arrêté de 1862 n'est que la reproduction textuelle, avec quelques mentions additionnelles de localités, d'une circulaire du mois de novembre 1857 ; à tel point que je me suis demandé si ledit arrêté de 1862 a réellement existé.

En effet, à cet époque, j'étais gouverneur du Sénégal ; or, je l'ai cherché et fait chercher partout, et il n'a été trouvé ni aux archives du ministère de la marine, ni dans celles de la colonie, ni dans mes papiers privés ; il n'existe pas davantage dans mes souvenirs. D'ailleurs, j'y reviendrai.

M. Schœlcher. J'ai dit moi-même que cette circulaire n'était que la reproduction de l'arrêté de 1857.

M. le ministre de la marine. L'honorable M. Schœlcher vous a dit que d'après cette circulaire ou cet arrêté de 1862, l'esclave n'est mis en liberté que si son maître ne réclame pas dans le délai de « trois mois ». — Quelques instants auparavant, en lisant cette même circulaire, il avait parlé d'un « délai raisonnable ». Je me demande comment on a pu comprendre par ces mots : un délai raisonnable, un délai de trois mois. J'en suis d'autant plus étonné qu'une prétendue circulaire explicative du gouverneur, datée de 1863, fixerait ce délai à huit jours.

On a vivement critiqué la décision qui oblige les habitants des villages placés sous notre autorité à faire la déclaration de la perte d'un captif dans le délai de huit jours, et l'on a vu là une mesure destinée à favoriser le maître aux dépens de l'esclave. Messieurs, cette mesure a été adoptée tout simplement pour assurer l'ordre public. L'autorité était obligée de s'assurer qu'un maître n'avait pas fait disparaître son esclave par quelque moyen criminel ou illicite ; et il fallait bien, pour cela, constater l'identité de l'esclave.

C'est donc une mesure prise en faveur du captif, et non pour favoriser les intérêts pécuniaires. Des mesures analogues d'ordre public sont prises en France, quand il s'agit d'expulser un vagabond. Il faut constater d'abord son identité et se rendre compte du danger qu'il peut présenter.

J'ai cherché inutilement, vous ai-je dit, dans mes souvenirs, quelques traces de la circulaire de 1862. Elle n'est, à quelques exceptions insignifiantes près, que la copie textuelle de celle qui aurait été promulguée à la même date — c'est assez curieux ; le millésime seul diffère — plusieurs années auparavant ; il n'y a qu'à lire : le 14 novembre, et 1857 au lieu de 1862.

Quoi qu'il en soit de cette circulaire, qu'elle ait existé ou non, — que je l'aie signée ou que je ne l'aie pas signée, — je ne la désavoue en aucune façon. Je défends en tout point les principes qu'elle pose, et je me borne à déclarer que ces principes ne datent pas de 1862.

En effet, messieurs, dès 1848, au mois de mai, quelques semaines à peine après la promulgation du décret qui affranchit les esclaves dans toutes les colonies françaises, le gouvernement de la République qui, dans ce moment, avait placé à la tête du département de la marine M. François Arago, l'auteur du décret d'émancipation et, si je suis bien informé, lui avait donné pour auxiliaire l'honorable M. Schœlcher, comme sous-secrétaire d'État, le gouvernement de la République, dis-je, adressait au Sénégal une dépêche dont j'extrais le passage suivant relatif à l'article 7 du décret d'abolition. Il y avait aussi, à cette époque-là, un article 7. (Sourires.)

« L'autorité reste investie des attributions de police nécessaires pour surveiller les noirs qui viendraient dans nos villes chercher leur affranchissement et même *pour les expulser de notre territoire.* » si leur présence devenait dangereuse pour le bon ordre. »

Il n'y a vous le voyez, messieurs, aucune différence entre ce qui a été prescrit à cette époque-là et ce qui se fait maintenant.

Dans un autre passage, cette même dépêche du 7 mai 1848 recommande : « De s'abstenir de provoquer la désertion des noirs, en propageant l'opinion que le Sénégal est un refuge où l'autorité française est désireuse de les attirer. » (Marques d'approbation à droite.)

Il me semble que c'est clair.

Plus tard, en 1848 encore, le ministre de la marine écrivait au gouverneur de cette colonie, le 18 avril :

« En proclamant le principe de l'affranchissement par e sol, le gouvernement de la République a sans doute entendu en assurer la conséquence libérale, mais il n'a jamais eu la pensée de le faire au mépris de la protection à laquelle ont d'abord droit les citoyens français qui habitent nos possessions d'outre-mer. Les pouvoirs dont les administrations coloniales sont investies en matière de résidence des étrangers, ont toujours été plus étendus encore que ceux qui sont exercés dans la métropole. Tout individu non domicilié, dont la présence est réputée dangereuse pour la sécurité de l'établissement colonial, « peut en être immédiatement expulsé », et ce pouvoir s'étend, dans les cas graves, aux citoyens mêmes de la colonie. Votre conduite était donc tracée, à la fois par l'ordonnance organique du 7 septembre 1840 et par les instructions qui viennent d'être rappelées, — M. le procureur général, dont j'apprécie le zèle, saura se pénétrer de cette situation, et il comprendra qu'elle n'offre pas un cas de jurisprudence à établir, mais une question d'ordre public de la plus haute gravité. »

Enfin, en 1855 et 1858, des dépêches ministérielles très précises consacraient ces mêmes principes, que la circulaire incriminée n'a absolument fait que rappeler.

Pour démontrer ce que les dispositions dont je viens de rappeler la rapide énumération ont de fâcheux, l'honorable M. Schœlcher a parlé d'abus commis, — je pourrais presque dire d'actes de cruauté, — et il nous a dit que ces faits se renouvellent chaque jour.

La personne qui lui a fourni ces renseignements m'inspire peu de confiance. (Sourires à droite.) Tout à l'heure, je dirai pourquoi. Quant à moi, je sais, d'après les documents officiels qui sont en ma possession, que tous les ans nous avons accordé l'entrée chez nous, avec affranchissement, à un très-grand nombre d'esclaves ; et, sans remonter jusqu'en 1522, — je n'irai pas plus haut que 1877, — je puis citer quelques chiffres.

En 1877, 299 captifs réfugiés chez nous ont été libérés par nos soins. En 1878, on en a libéré 219, et du 1ᵉʳ janvier au 16 octobre 1879, mes renseignements ne vont pas plus loin, il y a eu 282 libérations. (Très-bien !)

Durant cette même époque, on n'a prononcé que 32 expulsions ; ce qui fait, pour dix-huit postes, villes ou établissements, que nous possédons, moins de deux par établissement.

Je crois donc pouvoir dire, messieurs, qu'on n'abuse pas des expulsions.

J'arrive maintenant aux abus et aux actes de cruauté. On nous a d'abord parlé d'une caravane qui a traversé le territoire de Dagana sans qu'on ait affranchi les esclaves qui en faisaient partie, et on nous a dit : Dagana est un territoire français. Dagana, messieurs, se compose d'une maison d'habitation assez vaste, de quelques écuries, de quelques dépendances, de fermes, de jardins autour de ces fermes. Mais tout autour ce sont des villages placés sous notre protectorat. Il n'est pas étonnant, si les caravanes ont traversé ces villages, et vous m'accorderez qu'ils n'ont traversé ni les jardins, ni les plantations, ni les maisons d'habitation, il n'est pas étonnant qu'on n'ait songé ni à saisir les esclaves qui pouvaient se trouver dans ces caravanes ni à les affranchir, d'autant plus qu'elles viennent toujours en très-grand nombre.

On nous a cité une femme qui se serait jetée à l'eau et aurait été brutalement renvoyée à son maître, et quelques autres faits qui se seraient passés aux environs de Saint-Louis, à Bakel, ou peut-être à Dackar.

Quand j'ai lu ces récits dans les journaux, au mois de septembre ou d'octobre, j'en ai été naturellement ému, car bien que l'on me traite d'esclavagiste, j'ai une horreur profonde pour tout acte de cruauté, — j'ai écrit au gouverneur et je lui ai demandé des explications.

Le gouverneur m'a démontré que toutes ces accusations étaient dénuées de fondement. Je ne fatiguerai pas le Sénat en lui lisant les pièces que j'ai là, mais je déclare que je puis prouver ce que j'avance.

Je sais que beaucoup de personnes ne veulent accorder aucune confiance aux dénégations d'un fonctionnaire, surtout quand ce fonctionnaire est, pour me servir du langage des journaux, un porteur, un traîneur de sabre ; mais quand je me trouve en présence de deux assertions, dont l'une émane d'un homme qui, malgré le caractère sacré dont il était revêtu, a déserté son poste, sans autorisation, sans être remplacé, au

moment où une épidémie de fièvre jaune menaçait Saint-Louis,
et dont l'autre m'est donnée par un officier qui a servi hono-
rablement son pays pendant trente-quatre ans et qui, à l'occasion de cette même épidémie, a renoncé, en France, au congé
de convalescence que réclamait sa santé, pour apporter l'exemple de son courageux dévouement dans la colonie dont il était
le chef et où plusieurs malades furent soignés dans son propre
hôtel, c'est ce dernier que je crois et non pas l'autre. (Applaudissements à droite et au centre.)

Je suis convaincu que le Sénat partagera, à cet égard, ma
conviction. (Assentiment sur divers bancs.)

J'avais l'honneur de vous dire au commencement que, si on
adoptait les mesures que réclame l'honorable M. Schœlcher,
par rapport aux peuplades qui nous environnent de tous côtés,
nos relations commerciales presque immédiatement, et nos
grands ports de commerce qui trouvent dans ces transactions
une source de fortune dont la France profite, se plaindraient
sûrement. J'ajouterai que les populations de nos villes, des villages établis autour de nos postes seraient immédiatement affamées.

Ces populations ont, en effet, pour base de leur nourriture,
une espèce de millet, qui ne se récolte pas dans l'enceinte de
nos villes ni de nos postes et qui vient de l'extérieur. Ce sont
les populations voisines qui apportent chez nous tous les objets indispensables pour la vie de chaque jour et dont il est
inutile de faire ici l'énumération.

Si les communications étaient interrompues, il est évident
que l'arrivée des approvisionnements le serait aussi et que nous
n'aurions absolument rien.

Mais ce n'est pas tout. Les chefs indigènes, irrités par ce
qu'ils appelleraient la violation de nos promesses, car il ne faut
pas perdre de vue que nous avons contracté des engagements
vis-à-vis d'eux, seraient fort mécontents de voir arrêter les
transactions commerciales, et nos centres coloniaux devenir
des refuges pour les captifs. De plus, les marabouts musulmans
qui, dans leur haine fanatique contre la France, ne cessent de

dire que nous voulons nous établir en Afrique pour y faire cesser ce régime de captivité, exciteraient les populations et, cette fois, n'auraient pas tort. Malgré la bravoure dont les Maures et les noirs du Sénégal ont constamment donné des preuves, toutes les fois que nous avons eu à lutter contre eux, nous viendrions certainement à bout de cet état d'hostilité, ainsi que l'honorable M. Schœlcher a bien voulu nous le dire, mais ce serait au prix de très grandes dépenses d'hommes et d'argent ; de plus nous finirions par régner sur un désert, car toutes ces populations pour lesquelles un déplacement est absolument indifférent, n'auraient rien de plus pressé que d'émigrer, de porter leurs tentes, ou plutôt leurs cases en paille sur le territoire de nos rivaux, qui agissent comme nous, je le prouverai tout à l'heure, tolèrent l'esclavage et n'affranchissent pas les captifs qui mettent le pied sur le sol de la Gambie. Dans les colonies portugaises, on ferme, en effet, les yeux, et je crois que c'est le parti le plus sage à prendre au milieu des populations africaines.

On a prétendu que ces craintes n'ont aucune espèce de fondement ; eh bien, je puis opposer à cette assertion deux témoignages : l'un qui émane du gouverneur de la colonie en 1849, et l'autre qui émane du gouverneur actuel. Et ce dernier, qui habite le Sénégal depuis longtemps, qui apporte à la prospérité de la colonie un dévouement et une intelligence remarquables, connaît certainement les besoins du pays.

Je commence par quelques extraits d'une dépêche adressée au gouvernement de la métropole en 1849, dépêche qui est datée du 12 janvier.

Voici ce qu'écrivait alors le gouverneur, qui avait accepté avec enthousiasme, — il le démontre dans toute sa correspondance, — le décret d'émancipation :

« Il résulte donc de l'exécution de l'article 7 du décret, par la justice, que les Maures Trarzas ont déclaré qu'on n'ouvrirait pas les escales pour la traite de la gomme si justice ne leur est pas rendue ; ils refusent même toute indemnité pour maintenir leurs droits ; ils veulent les captifs. — Le Cayor avait déjà saisi un habitant de Saint-Louis, qui est heureusement parvenu à s'échapper; mais il est à craindre que beaucoup d'autres ne soient arrêtés dans l'intérieur du pays; les chefs du Damel retiennent dans leurs villages pour près de 20,000 fr. d'arachides, qui ont déjà été payées par les négociants et traitants, qui n'attendent que le moment de les charger. »

Un peu plus loin :

« Sans vouloir donc abandonner le principe consacré par l'article 7 du décret d'émancipation, qui peut offrir quelques avantages pour l'avenir de la civilisation au cœur de l'Afrique, je crois cependant qu'il est indispensable d'apporter la plus grande mesure dans son application immédiate au Sénégal. L'Assemblée nationale sera saisie d'une pétition — cette pétition aura pour but la non-application de l'article 7 — que lui adresse la population tout entière par l'organe de son représentant :

« J'ai l'honneur de vous adresser une copie qui m'a été
« envoyée. Je pense, citoyen ministre, que vous apprécierez
« toutes ces difficultés que, je n'hésite pas à le dire, aucun
« gouverneur ne pourra jamais surmonter. Je considère la
« colonie comme perdue, si on ne modifie pas pendant quel-
« ques années le décret du 7 avril, sans en abandonner entiè-
« rement l'esprit. Mon zèle, mon dévouement, ne manqueront
« jamais à cette cause sacrée ; je ne suis pas homme à reculer
« devant des dangers imaginaires ou sérieux, et ma corres-
« pondance a dû vous prouver que je suis loin d'être un alar-
« miste. — Cependant, je ne rougis pas de déclarer que je
« crois au-dessus de mes forces, dans les conditions actuelles,
« de sauver la colonie d'une ruine complète et d'une famine
« inévitable. Cela sera facile à comprendre, surtout pour ceux
« qui connaissent le Sénégal. »

Enfin quelques lignes plus bas, — et ici nous en venons à la preuve du fait que j'avançais tout à l'heure, à savoir que nos villes seraient affamées :

« Quant à la subsistance des habitants de Saint-Louis comme de Gorée, personne n'ignore que le mil qui forme toute la nourriture, nous vient du Cayor et du Fouta, mais surtout du Cayor. Une guerre avec ce pays laisserait donc 10 à 11,000 personnes à Saint-Louis et 4 à 5,000 à Gorée sans aucun moyen d'alimentation. Cette considération est grave et a été la cause de tout temps de concessions sans nombre que le Sénégal a été obligé de faire à ses voisins turbulents, mais beaucoup moins exigeants qu'ils pourraient l'être s'ils connaissaient leurs forces. Le Cayor est encore le seul point où nous puissions faire paître les nombreux troupeaux qui servent à la subsistance et au commerce de la colonie. C'est aussi là que nous prenons le bois, la chaux et tant d'autres objets indispensables. Il est donc facile de comprendre que l'existence de Saint-Louis serait compromise par une guerre sérieuse avec ce pays, et, croyez-le bien, citoyen ministre, la question des captifs amènerait une guerre grave et de funestes représailles. »

Je vous ai dit, tout à l'heure, que, dans les colonies voisines, on faisait ce que nous faisons maintenant au Sénégal.

En voici la preuve :

« J'ai déjà fait connaître mon opinion sur ce qui se passe
« en Gambie. — Cette colonie a, en effet, quelque analogie
« avec le Sénégal, et c'est précisément à cause de cette ana-
« logie que les actes des décrets d'émancipation de la Grande-
« Bretagne n'y sont appliqués qu'avec la plus grande mesure,
« lorsqu'il s'agit de troubler les bonnes relations avec les
« peuples voisins. »

J'arrive au gouverneur actuel, et cela encore pour vous démontrer que l'état de choses n'a pas changé depuis 1849.

L'année dernière, à la suite de l'intervention, inopportune, je ne crains pas de le dire, d'un magistrat dont l'honorable M. Schœlcher nous a cité tout à l'heure le nom, voici ce qu'écrivait le gouverneur à mon prédécesseur :

« Vous savez, monsieur le ministre, que le droit de propriété dont le musulman est le plus jaloux se rapporte à ses captifs ; menacer sa fortune en lui contestant la possession de ses esclaves, c'est en même temps blesser sa fierté et réveiller

envers le chrétien toute l'aversion qu'il puise dans le Coran. »
Il est bon de vous dire que le mahométisme a fait de très
grands progrès dans toute l'Afrique. « La querelle que cherchait le service judiciaire à certains chefs avait jeté une vive
émotion dans ces populations. Elles voyaient la spoliation
approcher ; elles allaient recevoir la confirmation des prédic-
tions des agitateurs et des ennemis de notre domination, des
émissaires de nos voisins qui prêchent l'émigration aux habitants des territoires soumis à la France. Tous ces fauteurs de
désordre n'annoncent-ils pas, en effet, qu'à un moment donné
et à courte échéance le Gouvernement accomplira brusque-
ment l'œuvre d'émancipation commencée ? La question était
donc des plus graves pour notre politique, notre sécurité
même, car cette irritation, si malheureusement allumée,
serait-elle venue à se traduire par des faits, que l'état actuel
de nos forces nous eût empêchés de les réprimer sans pertes
cruelles, etc. »

Celui qui écrit cela n'a pas peur de se battre. Il connaît les
habitants du Sénégal, et ce n'est pas lui qui réculerait devant une guerre.

Le ministre répondait le 13 décembre 1878 en approuvant
le Gouverneur : « Il est certain, que nous ne saurions faire
application rigoureuse de nos principes qui repoussent l'esclavage, et de nos lois qui assurent la liberté à tout captif qui
franchit notre territoire, sans nous exposer à blesser les
mœurs, les préjugés et les intérêts des populations qui vivent
à notre contact et fréquentent nos établissements dont elles
alimentent l'activité commerciale. Nous ne pourrions atteindre
qu'un seul résultat : l'éloignement de ces populations et le dé-
tournement du mouvement des échanges vers les comptoirs des
Anglais. Nous devons nous efforcer de faire triompher nos
idées de justice et de civilisation, mais non de manière à
rendre impossibles les rapports avantageux qne nous avons eu
tant de peine à établir entre nos comptoirs et les indigènes. »
(Très bien ! très bien !)

Il y a encore une autre considération. — On vous a parlé

des projets du Gouvernement pour relier nos possessions séné-
galaises au Niger; il ne s'agit pas seulement de construire un
chemin de fer allant de Médine au Niger, c'est-à-dire sur les
territoires qui, dans ce moment, ne nous appartiennent pas;
il s'agit aussi de relier Dakar à Saint-Louis par une voie
ferrée et Saint-Louis à Médine par une autre voie ferrée.

Vous savez comme moi que les populations blanches ne
peuvent pas travailler sous ce climat brûlant, et surtout dans
un pays qui, en été, est en grande partie inondé.

Il faut donc avoir recours aux ouvriers indigènes. Or, ces
ouvriers sont tous, sans exception, des captifs. Par conséquent, si nous mettions en pratique ce qui nous est proposé, je
ne dis pas au delà de Médine, mais seulement entre Dakar et
Saint-Louis, d'un côté, c'est-à-dire en traversant le Cayor, et
de l'autre, entre Saint-Louis et Médine en traversant le Fouta
et beaucoup de territoires qui reconnaissent bien notre supré-
matie militaire, mais qui se gouvernent par eux-mêmes, nous
n'aurions pas d'ouvriers. Pour vous prouver que ces craintes
ne sont pas chimériques, permettez-moi une nouvelle citation.
J'ai, en effet, reçu la semaine dernière un rapport du gouverneur de la colonie, m'informant qu'après avoir eu la promesse
de beaucoup de chefs de recevoir un grand nombre d'ouvriers,
et entre autres choses d'entretenir un chantier de 500 ouvriers
dont il vous a été parlé tout à l'heure, ces chefs se récusent
aujourd'hui; qu'ils ne veulent rien faire, et qu'enfin nos projets sont menacés d'être arrêtés presque au début.

Dans cette dépêche, qui est fort longue, il s'étend sur les
raisons qui ont motivé ce changement d'idées, et voici ce que
j'y lis. Il parle d'abord de certaines cupidités de personnes qui
ont intérêt à empêcher cette voie ferrée de s'établir; je ne vous
lis pas ce passage : il est peut-être un peu violent. Je ne vous
lirai que ce qui se rapporte aux ouvriers.

En parlant de ces individus, voici ce qu'il dit : « Ces gens
qui écrivent peut-être par ordre les correspondances qui vous
ont été communiquées, sont les mêmes qui font courir le bruit,
dans le haut fleuve et même dans le Fouta, — car il ne s'agit

pas seulement des territoires au delà de Médine, — que tout
ce que nous voulons faire n'a qu'un seul but, la suppression
de la captivité en Afrique. »

Puis, un peu plus loin :

« Dans leur avidité alarmée, ils sont capables de tout, et
ma conviction est qu'ils ne sont pas non plus étrangers à tout
le bruit qu'on tente de faire en France, dans une certaine partie de la presse, sur l'esclavage en Sénégambie. Ils savent bien
que toute mesure touchant les captifs dans nos possessions
serait comme la confirmation de ce qu'ils font raconter aux
indigènes et élèverait, contre l'exécution de nos projets, des
obstacles qui n'existent réellement, quant à présent, que dans
leur ardent désir de voir échouer toute tentative d'extention
de la colonie. »

Vous voyez, messieurs, que les mesures qui ont été prises
ont la sanction de tous les gouverneurs qui se sont succédé au
Sénégal depuis le mois de mai 1848.

Eh bien, si les craintes exprimées se réalisaient, croyez-vous
que le but philanthropique poursuivi par l'honorable M. Schœlcher et que nous désirons tous ardemment, serait atteint ?

M. Foucher de Careil. Très-bien ! Vous avez raison.

M. le ministre. Croyez-vous que c'est en semant autour de
nous la ruine et la désolation, en jonchant des corps de nos
soldats les sables brûlants ou les marais empestés de l'Afrique,
que vous obéirez aux principes d'une véritable humanité ?
(Très-bien ! très-bien) Pour ma part, je suis convaincu du contraire, car ce n'est pas l'emploi de la violence et de la force
brutale (Très-bien ! très-bien) qui modifie du jour au lendemain
les institutions séculaires de cent millions de créatures humaines. Je hais l'esclavage autant que qui que ce soit, et je l'ai,
quoi qu'on en dise, prouvé par des actes (Très-bien ! très-bien) ;
mais je veux arriver au résultat tant désiré par la diffusion des
lumières, en répandant au milieu des tribus ignorantes de
l'Afrique les bienfaits de l'instruction, en les amenant à comprendre que nous sommes justes en même temps que forts, en

dotant enfin nos établissements coloniaux d'institutions libérales qui attireront à nous les populations.

M. Laserve. (Très-bien ! très-bien !)

M. le ministre. Et ces derniers, s'habituant peu à peu à nos
mœurs, modifieront graduellement leurs idées et leurs règles
sur l'organisation de la famille et de la société.

M. Laserve. Et, sous ce rapport, vous êtes le meilleur ministre que la France ait eu depuis trois siècles (Très-bien ! et rires.)

M. le ministre. En un mot, messieurs, comme le disait un
ministre républicain dans une dépêche du 18 avril 1849 : « Ne
emandons qu'au temps et à notre exemple la transformation
de ces sociétés primitives. »

Cette voie, la seule sage, la seule digne d'une nation qui sent
sa supériorité et sa force, est la seule aussi que nous poursuivons au Sénégal. Nous venons vous demander avec instance,
pour le bien de notre colonie, pour l'honneur de la France, la
permission de la suivre encore. (Nouvelle approbation.)

Je viens de placer sous vos yeux, messieurs, le tableau fidèle de la situation. Je vous ai dit ce qui existait avant 1862,
et ce qui a été fait depuis. Je vous ai dépeint, en invoquant le
témoignage d'hommes très compétents, quels seraient les résultats d'un changement de politique. A vous maintenant, qui
connaissez l'état des choses, de décider dans votre sagesse ce
que le ministre de la marine et des colonies doit faire. (Très-
bien ! Trés-bien ! Vifs applaudissements sur tous les bancs).

M. le président. La parole est à M. de Lareinty.

M. le baron de Lareinty. Messieurs, je ne veux rappeler
qu'une seule chose, c'est que M. le gouverneur du Sénégal
était un des héros de Bazeilles, et qu'en apprenant l'épidémie
qui sévissait dans la colonie, il est retourné à son poste ;
que celle qui partage son existence, sa femme, n'a pas hésité
à quitter la France, et à venir au milieu des populations dé-
cimées par le choléra et la fièvre jaune, rejoindre son mari,
se dévouant aux soins des malades, pour représenter l'hon-

ucur des femmes de France sur la terre française du Sénégal.
(Très-bien! très-bien!)

M. le président. M. Schœlcher a la parole.

M. Schœlcher *paraît à la tribune.* (Aux voix! aux voix! à
droite et au centre. — Parlez! à gauche.)

M. Schœlcher, *descendant de la tribune.* Je voulais répondre,
mais puisque l'on m'accueille par des murmures, je quitte la
tribune.

Voix diverses. Parlez! parlez!

M. Schœlcher *à la tribune.* Messieurs, je n'ai que très peu
de mots à dire. Je veux répondre seulement que les craintes
de guerre qu'a surtout portées ici M. le ministre de la marine
ne sont pas fondées. J'ai expliqué qu'il n'y avait rien à redouter
de ce côté.

J'ai parlé de Dagana comme étant un territoire français. D'a-
près M. le ministre, je me serais trompé. J'ai consulté précisément là-dessus M. Gasconi, habitant du Sénégal et Sénégalais
lui-même, qui vient d'être nommé député de cette colonie; il
m'a affirmé que Dagana est réputé territoire français. Par conséquent, quand une caravane d'esclaves passe à Dagana, et que
les esclaves qu'on y arrête sont restitués au négrier, on fait
servir le territoire français à un acte de traite des noirs.

Maintenant, quant à la Gambie, je sais ce qui s'y passe; j'ai
été, moi-même, à Sainte-Marie-Bathurst et j'affirme qu'aucun
esclave fugitif n'y est rendu à son maître; je l'affirme comme
témoin oculaire.

Je n'ajoute qu'un mot. La question se réduit à une très-
simple expression. Veut-on, oui ou non, appliquer la loi? La
loi existe, elle est formelle dans son esprit et dans sa lettre. On
nous dit : Avec l'extension de notre influence, on pourra par-
venir à faire changer les mœurs de ce pays. Je le sais très-bien,
mais voilà trente ans que nous y sommes, les mœurs ne sont
pas changées et toujours les mêmes choses se reproduisent.

Je ne demande pas qu'on porte le désordre dans les sociétés
noires. Je m'en suis bien expliqué; je ne demande qu'une seule

chose : c'est que dans les territoires déclarés français, la loi soit appliquée.

En conséquence, je propose l'ordre du jour suivant :

« Désireux que la loi du 27 avril 1848 soit appliquée dans les territoires français de notre colonie du Sénégal, le Sénat passe à l'ordre du jour. »

M. Foucher de Careil. On ne peut pas voter cela ; c'est un ordre du jour de défiance.

M. le président. Insiste-t-on sur l'ordre du jour pur et simple ?

Plusieurs sénateurs à gauche. Oui ! oui !

M. le président. MM. Lenoël, Leblond, Laurent Pichat, baron Lareinty et général Pélissier, déposent un ordre du jour ainsi conçu :

« Le Sénat, satisfait des explications de M. le ministre de la marine et des colonies, passe à l'ordre du jour. »

Cet ordre du jour, mis aux voix, est adopté.

RÉFUTATION DU DISCOURS

DE

M. LE MINISTRE DE LA MARINE ET DES COLONIES

‑‑‑ᴡᴡᴡ‑‑‑

§ I

Arrêtés locaux concernant les esclaves fugitifs.

En portant à la tribune du Sénat les faits d'esclavage qui déshonorent notre colonie du Sénégal, j'ai cité en pre‑mière ligne comme témoignage irrécusable et irréfutable, un arrêté du 15 novembre 1862, disant art. 5 : « Lors‑ « qu'il se trouvera à St‑Louis, etc., des esclaves fugitifs, « et que leurs maîtres viendront les réclamer dans un « délai raisonnable, ces esclaves seront expulsés et « conduits au‑delà de nos frontières où leurs maîtres « seront libres de les reprendre. »

« Je me suis demandé » peut‑on lire dans la réponse de M. le Ministre à mon interpellation, « si ledit arrêté « de 1862 a réellement existé. En effet à cette époque « j'étais gouverneur du Sénégal, or je l'ai cherché où « fait chercher partout et il n'a été trouvé nulle part. « Il n'existe pas davantage dans mes souvenirs. » Je tiens tout cela pour vrai puisque M. le Ministre le déclare, mais je déclare tout aussi fermement que sa mémoire sur ce point est infidèle. L'arrêté de 1862, est « une circulaire *confidentielle* adressée aux chefs de

4

« service et aux commandants de poste ». J'affirme
en avoir vu une copie clairement signée de la propre
main de M. l'amiral Jauréguiberry dont je connais
parfaitement la signature. D'autres que moi ont vu
cette copie,

J'avais dit que « le délai raisonnable » dont parle cet
arrêté, avait été étendu postérieurement jusqu'à trois
mois. M. le Ministre « demande comment on a pu
« comprendre trois mois » par « délai raisonnable ? » Il
« en est d'autant plus étonné qu'une prétendue circu-
« laire du gouverneur de 1863 fixerait ce délai à huit
« jours. » Il n'est pas en mon pouvoir d'éclaircir le
doute que soulève M. le Ministre. Est-ce trois mois, est-
ce huit jours, il n'en sait rien lui-même, encore aujour-
d'hui car il a dit, de nouveau, en me répondant : « Si des
« évadés réussissent à prouver qu'ils résident *depuis*
« *un certain temps* dans la colonie, on leur délivre un
« titre de liberté. » Quoi qu'il en soit, plusieurs personnes m'assurent que tout le monde à St-Louis regarde
le terme de trois mois comme celui qui a été adopté pour
les esclaves venant de l'extérieur. Ce délai n'est pas
officiel mais il est dans la pratique et indépendant de
celui de huit jours fixé par l'arrêté du 6 mars 1863 *pour*
le cas spécial où le maître réclamant est d'un village
placé sous notre autorité.

J'ai très vivement critiqué ce dernier arrêté comme
on peut le voir plus haut (page 9). M. le Ministre en
nie l'existence puisqu'il le traite de « prétendu » (p. 34),
mais en même temps il en a démontré l'authenticité.
Il a dit en effet : « Cette mesure a été adoptée tout
« simplement pour assurer l'ordre public. L'autorité
« était obligée de s'assurer qu'un maître n'avait pas
« fait disparaître son esclave par quelque moyen cri-

« minel ou illicite. C'est donc une mesure prise en fa-
« veur de celui-ci. »

Il est impossible de comprendre cette « faveur. » Je
persiste à ne voir dans « le signalement de l'homme
évadé » requis du maître, qu'un moyen de le rendre au
maître lorsqu'on le découvre. Comment un maître d'un
village placé sous notre domination pourrait-il avoir
l'absurde idée de venir nous demander compte d'un
esclave qu'il aurait tué ou vendu à l'extérieur ? Est-ce à
nous de lui prouver que celui qu'il a fait disparaître
n'est pas chez nous ? Au surplus, M. le ministre s'est
réfuté lui-même : « Des mesures analogues, a-t-il dit,
« sont prises en France quand il s'agit d'expulser
« un vagabond. » C'est donc bien pour chasser
« l'homme évadé » qu'il s'efforçait de constater son
identité.

Toujours est-il que par son arrêté de 1862, le Gouverneur décidait que « les esclaves réclamés par leurs
« maîtres seraient conduits au-delà de nos frontières où
« leurs maîtres seraient libres de les reprendre. » M. l'a-
miral Jauréguiberry est un protestant sincère, prati-
quant, il est membre actif de la Société des Missions
protestantes de Paris ; il puise en conséquence les règles
de sa conduite dans l'Ancien Testament. Combien alors
n'a pas dû coûter à sa conscience l'arrêté de 1862? Une
loi pour lui divine, une loi dictée par Dieu à Moïse ne lui
avait-elle pas fait ce commandement : « Vous ne livrerez
« point à son maître l'esclave qui se sera réfugié chez
« vous. Il demeurera parmi vous où il lui plaira en quel-
« qu'une de vos villes. Ne lui faites aucune peine. »
(*Deutéronome* ch. 23 v. 15 et 16.) Le conduire à la frontière où l'on s'attache à dire au maître « *qu'il est libre
de le reprendre* » « n'est-ce pas le lui livrer ? » L'ex-

pulser, est-ce « le laisser demeurer où il lui plaît, » est-ce « ne lui causer aucune peine ? »

Je lis dans *l'Eglise libre* (26 septembre 1879) : « Ce « qu'on décore de l'euphémisme d'expulsion, est plus « qu'une extradition, c'est une complicité pour des actes « de piraterie sociale, c'est une trahison. » *L'Eglise libre* croyant alors le ministère de la marine étranger à ce qu'elle appelait avec douleur « ces pratiques crimi-nelles » disait : « Si l'honorable amiral Jauréguiberry en « était instruit, sa conscience chrétienne tressaillerait « comme la nôtre d'indignation, son cœur de patriote, « sa dignité de membre du Gouvernement ressentiraient « une profonde humiliation de cette souillure qui rejail-« lit sur le nom français. Il faut qu'un décret du Prési-« dent de la République contre-signé par notre éminent « coréligionnaire, le ministre de la marine, porte prochai-« nement le dernier coup aux derniers restes de l'insti-« tution maudite de l'esclavage. »

M. l'amiral Jauréguiberry n'a pas entendu cet appel de ses coreligionnaires, mais pour ne pas avoir seul l'en-tière responsabilité du mal commis, il s'est couvert des exemples qu'ont donnés ses prédécesseurs et il a cité entre autres une dépêche ministérielle du 7 mai 1848, où il est dit : « L'autorité locale reste investie des attribu-« tions de police nécessaires pour surveiller les noirs « qui viendraient dans nos villes chercher leur affran-« chissement et même pour les expulser si leur présence « devenait dangereuse pour l'ordre public. » Sur quoi M. le ministre fait observer que « s'il est bien in-« formé, on avait donné en 1848 pour auxiliaire à « M. Arago, ministre de la marine et auteur du décret « d'émancipation, M, Schœlcher comme sous-secrétaire « d'Etat. » M. l'amiral qui pouvait aisément s'assurer qu'on l'avait bien informé à cet égard, a voulu se donner le plaisir de me mettre en contradiction avec moi-même.

Il faut qu'il perde cette petite jouissance. Je ne suis nullement responsable de la dépêche ministérielle du 7 mai 1848 par la raison que j'avais donné ma démission de sous-secrétaire d'Etat au ministère de la marine le 1er mai, le jour même ou le grand Arago fut remplacé par le digne amiral Cazy. Je puis dire ici comme M. le ministre. « Il me semble que c'est clair. »

§ II

Actes de cruauté constatés par un témoin oculaire.

J'aborde maintenant les abus et les actes de cruauté révélés par M. Villeger, que j'ai portés à la tribune. « On nous a d'abord parlé, dit M. le ministre, d'une ca- « ravane d'esclaves qui a traversé Dagana et on nous a « dit : Dagana est un territoire français. Dagana, mes- « sieurs, se compose d'une maison d'habitation, de quel- « ques écuries, mais autour ce sont des villages placés « sous notre protectorat. Il n'est pas étonnant si « la caravane a traversé ces villages et vous m'ac- « corderez qu'elle n'a traversé ni les jardins, ni les « plantations, ni les maisons d'habitation, il n'est pas « étonnant qu'on n'ait songé ni à saisir les esclaves, ni « à les affranchir. » Ici M. le ministre ne présente pas la chose avec toute la précision désirable. Le capitaine commandant de Dagana a parfaitement « songé à saisir les esclaves », et M. le ministre nous accordera à son tour qu'un capitaine est capable de distinguer ce qui est de ce qui n'est pas territoire français ; il a arrêté la ca- ravane et le négrier, c'est « par ordre supérieur », qu'il a dû rendre à ce misérable sa cargaison humaine !

« On a cité, continue M. le ministre, une femme qui
« se serait jetée à l'eau et aurait été renvoyée à son maî-
« tre et quelques autres faits qui se seraient passés aux
« environs de Saint-Louis ou peut-être à Dackar. Quand
» j'ai lu ces récits j'en ai été naturellement ému et j'ai
« demandé des explications au gouverneur, il m'a dé-
« montré que toutes ces accusations étaient dénuées de
« fondement. Je ne fatiguerai pas le Sénat en lui lisant
« les pièces ; mais je déclare que je puis prouver ce que
« j'avance. »

C'est là disposer beaucoup trop sommairement d'une
accusation de révoltante inhumanité. Quant à moi, jusqu'à ce que M. le ministre fournissant ses preuves me
mette à même de les discuter, je maintiens la révélation
relative à la malheureuse femme du pont Faidherbe
comme parfaitement fondée. J'en crois les négociants
bordelais en relation constante avec le Sénégal qui disent : « Les renseignements que nous avons pu nous
« procurer nous ont convaincus que *les faits rapportés*
« *par M. Villeger sont exacts.*» (*Courrier de la Gironde*
10 octobre 1879). J'en crois aussi un journal non sus-
pect *l'Eglise libre* qui tient M. Villeger pour un missionnaire des plus honorables, j'en crois enfin deux magistrats qui ont connu M. Villeger au Sénégal et qui m'ont
dit : « C'est un homme digne de foi, lui et sa femme
« passaient leur vie à des œuvres de charité. » Quoi ! le
missionnaire, dont des magistrats portent ce témoignage
de visu aurait, entre autres énonciations mensongères,
inventé, décrit une scène affreuse (voir les détails plus
haut, p. 18), il aurait eu l'audace de s'en déclarer « témoin oculaire ». A ces énonciations qui seraient infâmes
et sans le moindre intérêt pour lui que l'on sache, M. le
Ministre n'oppose que la dénégation pure et simple

du gouverneur nécessairement intéressé puisqu'il est responsable de ce qui se passe sous son autorité, et M. le ministre estime cela suffisant! Non, vraiment, nous osons le lui dire : ce n'est pas assez. Pourquoi ne pas produire telle ou telle des « preuves qu'il avait en mains?» L'énorme gravité des faits ne l'exigeait-elle pas? Il base « son manque de confiance en M. Villeger » sur ce que le chef de la colonie lui a dit de ce pasteur. Mais l'obligation où il a été de voiler un passage de la dépêche officielle « parce qu'il était un peu violent » ne l'avertissait-elle pas que cet administrateur n'a pas assez de sang-froid pour se préserver d'illusions malveillantes lorsqu'il parle de ses adversaires?

Au lieu de citer équitablement quelque pièce qui aurait mis chacun en état de juger par soi-même de quel côté était la vérité, l'amiral a mieux aimé mettre en présence devant le Sénat, le missionnaire et le gouverneur dans les termes qu'on a lus plus haut (p. 37).

Lorsqu'on tient ce langage devant une assemblée française, on est sûr de la ranger de son côté, mais c'est éblouir ses auditeurs au risque de fausser leur jugement. Ce tableau qu'a tracé le ministre des deux hommes n'est pas de beau jeu. Il aurait provoqué moins « d'applaudissements à droite et au centre, » si le Sénat avait su, d'abord qu'il était complétement inexact que M. Villeger eut déserté son poste devant l'épidémie (voir plus bas, p. 111), ensuite qu'on ne pouvait faire un mérite au gouverneur d'avoir renoncé à son congé, à l'occasion de cette même épidémie, pour retourner à son gouvernement, par la raison que, créole de la Martinique, il n'avait à peu près rien à craindre de la fièvre jaune. (Les cas où elle atteint les créoles des Antilles, blancs, mulâtres ou nègres sont très rares ; aucun, cette fois encore, n'a heureusement été frappé.) Après cela, dans l'espèce, que M. Villeger « eut déserté son poste » cela ne prouverait pas qu'il n'ait pas dit la vérité, et que M. Brière de l'Ile « ait servi son pays pendant trente-quatre ans » cela ne prouve pas non plus que ce soit lui qui l'ait dite.

Sans doute, il est fort déraisonnable « de décrier les « officiers de terre et de mer par l'épithète de traîneurs « de sabre, » mais il n'est pas plus raisonnable de croire aveuglément quiconque porte un sabre ou un galon, il n'est encore reconnu nulle part qu'un gouverneur eut-il deux épaulettes soit infaillible. M. le ministre impute d'ailleurs « aux journaux » une faute qu'ils ne commettent pas. Il importe de distinguer : ils n'appellent pas les officiers « traîneurs de sabre, » ils ne donnent ce nom qu'à ceux qui veulent mettre leur sabre au-dessus des lois.

Que si l'on avait à donner un commandement militaire, on choisît le gouverneur actuel du Sénégal, personne n'y trouverait à redire, au contraire ; mais la question n'est pas là, il s'agit de savoir s'il est bien à sa place où il est.

J'avais eu l'honneur d'informer M. le Ministre que je lui demanderais s'il était vrai, oui ou non, comme le disait le *Courrier de la Gironde* du 10 octobre 1879 que, « il y deux ans le Président de la Cour du Sénégal, « ayant commencé des poursuites contre des hommes « qui s'étaient livrés au commerce d'esclaves sur *ter-* « *ritoire français*, le gouverneur avait arrêté ces pour- « suites ; » s'il était vrai, oui ou non, que, « tout der- « nièrement, la justice ayant mis en état d'arrestation « pour passer aux assises, deux traitants accusés de « trafic d'esclaves, le gouverneur avait abusé de son « autorité au point de les faire élargir, » véritable attentat contre le pouvoir judiciaire (voir p. 21). J'ai posé les deux questions, et M. le Ministre n'a répondu ni à l'une ni à l'autre! J'en conclus, j'ai droit d'en conclure que les deux violences faites à la justice restent à la charge de ce chef toujours de connivence avec les négriers et je demande à cette heure, ce qu'on peut penser à le voir maintenu à la tête d'une colonie qu'il faut défendre contre les envahissements de l'esclavage! Persister à le charger de faire observer une loi dont il est l'ennemi déclaré, ne saurait paraître sage à personne.

Quant à M. Villeger, je dirai avec l'*Eglise libre* (n° du 19 mars 1880) « Il a passé *volontairement* DIX ANS au « Sénégal, il y a vu plus d'une épidémie. Il était démis- « sionnaire depuis plus d'un an quand il a quitté un « poste qui n'était plus le sien et dans lequel il est à « noter (quoiqu'en ait dit le Ministre) qu'il n'a pas été « remplacé. *Il n'a pas fui devant le danger.* »

M. l'amiral Jauréguiberry s'est laissé entraîner trop loin, il le regrette sans doute aujourd'hui. Formuler l'accusation de lâcheté, de désertion devant l'ennemi, sans s'être donné la peine d'en vérifier l'exactitude, sans avoir les mains pleines de preuves, c'est en vérité faire trop bon marché de l'honneur d'un homme, plus parti- culièrement encore quand l'homme est aux yeux de celui qui accuse « revêtu d'un caractère sacré. » Ecarter un témoin accablant en disant qu'il ne mérite pas crédit parce qu'il a fui un danger surtout lorsqu'il ne l'a pas fui, c'est bien grave.

Au moment ou nous écrivons ceci, on nous commu- nique une lettre dont on nous autorise à faire usage. Dans cette lettre écrite par M. Devès fils *sous les yeux de son père*, maire de Saint Louis, nous trouvons ce pas- sage :

« M. Schœlcher a été parfaitement renseigné : l'inci-

« dent de Dagana, le délai de trois mois laissé aux maî-
« tres pour réclamer leurs esclaves fugitifs, les lettres de
« M. Batut, l'ordre au procureur de la République
« d'avoir à mettre en liberté deux traitants régulière-
« ment envoyés aux assises ; tout cela est certain et m'a
« été confirmé par plusieurs personnes depuis mon
« retour au Sénégal. »

§ III

Les esclaves fugitifs rendus à leurs maîtres.

M. l'amiral Jauréguiberry dit, « qu'il a horreur de
« l'esclavage, qu'il l'a prouvé par des actes. » Je le
crois quoi que je ne connaisse aucun de ces actes, mais il
faut bien convenir que toujours égaré par la préoccupa-
tion de défendre tout ce qui se passe au Sénégal, il s'ef-
force de diminuer l'horreur de l'esclavage chez les autres.
Il met un soin vraiment extraordinaire à présenter la
possession de l'homme par l'homme sous un jour favorable, elle ne blesse pas ses sentiments chrétiens. Pour
lui l'esclavage, le plus grand de tous les crimes commis
par l'humanité envers elle-même, n'a rien de contraire à
la morale et à la charité, il lui enlève jusqu'à son nom,
il veut qu'on ne voie dans ses victimes qu'une catégorie
de prolétaires ! « L'esclavage au Sénégal, dit-il, n'est,
« pour parler exactement, qu'un servage héréditaire.
« Les individus qui font partie de cette classe de la po-
« pulation constituent toute la domesticité, tous les
« ouvriers, laboureurs compris. Ils jouissent de privilè-
« ges, de garanties parfaitement définis et pour lesquels
« les peuplades du Sénégal ont un très grand respect.
« Du reste pour prouver que cet esclavage ne ressemble

« en aucune façon à celui qui a affligé pendant un cer-
« tain temps l'Amérique, permettez-moi de vous lire
« quelques mots que j'ai trouvés dans un rapport adressé
« à l'un de mes prédécesseurs, il y a trois ans par un
« inspecteur en chef : « On donnera une idée assez
« exacte du peu de défaveur qui s'attache encore dans le
« pays à l'idée de captivité, en disant qu'il y a peu
« d'années un candidat à la représentation nationale,
« pour assurer son élection par le suffrage des noirs des
« faubourgs, leur faisait promettre comme amélioration
« sociale du pays, le rétablissement de la captivité. »
(Rires sur plusieurs bancs.)

On comprend les rires qui ont accompagné cette communication de M. l'inspecteur en chef. Elle n'est en effet
que ridicule. Autant vaudrait dire, afin de montrer « le
peu de défaveur qui s'attachait à l'esclavage » chez les
sudistes des Etats-Unis, qu'un candidat leur en promet-
trait aujourd'hui le rétablissement ! M. le Ministre a
ajouté : « J'ai tout lieu de supposer que ce candidat a été
« élu. » Le candidat élu est M. Lafont (de Fongaufier)
et il me prie de dire que sa profession de foi imprimée
en français et en arabe sert à contredire l'assertion de
M. l'inspecteur en chef.

Que M. l'amiral n'a t-il dit quelles sont « les garanties parfaitement définies, dont jouissent ses « serfs hé-
réditaires ! » Où sont-elles écrites ? chez quelle peuplade
trouve-t-on un code servile, une sanction pénale à « ces
garanties si bien définies», une loi même qui punisse le
meurtre « d'un serf héréditaire » par celui qui en a
hérité ? N'est-il pas triste d'entendre un Ministre
français vanter « les privilèges » de mères auxquelles le
maître peut arracher leurs enfants et les vendre comme
les petits de ses bestiaux ! «Les privilèges.» de malheureux

dépouillés de tous les droits de l'homme, privés de la vie
intellectuelle, sans autre place dans la société que celle
des animaux domestiques, qu'aucune autorité ne protège
contre les abus et les violences inséparables du pouvoir
dominical, que le maître frappe lorsqu'il est mécontent
d'eux ainsi qu'il fouette son cheval trop lent à le traîner,
qu'il a puissance à discrétion de vendre, de séquestrer et
d'enchaîner, dont enfin il dispose souverainement comme
de sa chose ! Ah ! c'est blasphémer que de nous parler
des « *privilèges* d'un *esclave*. »

L'esclavage en Sénégambie n'est certainement pas, il
est vrai, aussi cruel que l'était celui des colonies à sucre
fondées par les nations européennes. Il est très vrai que
le captif y partage en général la vie de son possesseur, j'y
ai dormi dans plus d'une case sur une natte où reposaient
à coté de moi le maître et l'esclave ; mais c'est se trom-
per étrangement, que de peindre cet esclavage de couleurs anodines. Il n'y a pas de servitude qui ne soit
pleine de barbarie. J'ai rapporté de mon voyage en Sénégambie des fers que les maîtres attachent aux pieds de
leurs captifs désobéissants, ces fers entrent-ils dans « les
« garanties parfaitement définies dont jouissent les
« captifs et pour lesquelles les peuplades africaines pro-
« fessent un très grand respect ? » D'autres que M. l'amiral Jauréguiberry voulant aussi plaider les circonstances
atténuantes en faveur de la servitude sénégalaise l'ont
comparée à l'esclavage patriarcal qui faisait partie de la
famille. Mais l'histoire d'Abraham, d'Agar et d'Ismaël,
celle de Jacob qui peu content de ses deux femmes prenait
pour concubines leurs deux servantes favorites, disent assez
que l'esclavage patriarcal étouffait comme les autres
tout sentiment humain et faisait « partie de la famille »
jusqu'à la plus repoussante immoralité. Au surplus, si

la captivé chez nos voisins a tant de douceur, à quoi bon supprimer chez nous le droit d'asile ? Il n'y a aucune raison de craindre que les captifs soient tentés d'en profiter pour échapper à « leurs privilèges. »

M. le Ministre ne s'est pas contenté de rassurer le Sénat sur la condition des captifs, il a voulu diminuer l'intérêt que l'on peut porter à ceux qui viennent chercher la liberté sur nos territoires. « Il est une autre « question a-t-il dit dont il a fallu se préoccuper. Je « veux parler de la réglementation d'après laquelle on « expulse, sous certaines conditions déterminées, les « captifs évadés. Ici encore on a été contraint d'obéir « à une nécessité impérieuse, car il ne fallait pas que « notre colonie devint le refuge de tous les vagabonds, « de tous les paresseux, de tous les criminels, de tous « les mécontents et l'expérience a démontré que ce sont « des individus appartenant à ces catégories *qui viennent* « *seuls chercher chez nous l'impunité.* »

Nul doute que les esclaves fugitifs ne soient « des mécontents, » mais la parole même de M. le Ministre va servir à réfuter le vilain caractère qu'il leur prête : » Si « des évadés réussissent à prouver, et cela leur est très « facile, qu'ils résident depuis un certain temps dans la « colonie, on leur délivre un titre qui les met à l'abri de « toute réclamation. S'ils parviennent, ce qui se voit « très fréquemment, à s'engager dans le bataillon des « tirailleurs Sénégalais, le fait seul d'avoir revêtu l'uniforme français les met à l'abri de toutes poursuites. » M. le Ministre aura de la peine à faire croire que l'administration ait une si grande tendresse pour « des vagabonds, des paresseux et des criminels » qu'il leur suffise de vagabonder « depuis un certain temps dans la « colonie ou de s'engager dans le bataillon des tirailleurs »

pour qu'elle les protège contre toute recherche de leurs
maîtres. Et puis qu'a-t-on fait pour les évadés qui ne
sont pas réclamés à temps ou qui n'ont pas revêtu l'uniforme français ? « On a attribué aux gouverneurs les
« droits que la loi du 3 décembre 1849 confère en France
« au Ministre de l'intérieur. Mais on a soin par égard
« pour notre juste horreur de l'esclavage, » (ici M. le
Ministre oublie que les évadés « ne sont que des vaga-
« bonds, des paresseux, des criminels qui viennent
« chercher chez nous l'impunité ») « on a soin d'ac-
« compagner la mise en pratique de ladite loi de toutes
« les précautions commandées par les règles les plus
« impérieuses de l'humanité. Ainsi jamais les captifs ne
« sont livrés entre les mains de leurs maîtres lors même
« que ceux-ci viennent les réclamer, on les ramène de
« nuit à la limite de nos territoires, de manière que le
« maître ne sache pas de quel côté sortira l'esclave, ni à
« quelle heure il sera conduit à la frontière ; et arrivé
« là, l'expulsé est libre de choisir la route qui convient
« le mieux à ses desseins, on ne permet jamais au maître
« de s'y trouver pour le saisir. »

Ce que dit là M. le Ministre témoigne de la honte qu'il
y a à tenir une conduite opposée, mais c'est une assertion dont il n'a pas eu probablement le loisir de contrôler la véracité, je répète avec assurance qu'il a été
trompé, qu'il n'est pas exact que les captifs ne soient
expulsés que de nuit. Une personne qui arrive de la colonie et que je sais digne de foi m'écrit : « ... Mes souvenirs
« encore récents des pratiques politiques en vigueur au
« Sénégal me font un devoir de vous dire que vous
« n'avez rien affirmé que de parfaitement vrai. Le captif
« qui vient à Saint-Louis chercher refuge est rendu au
« maître sur la réclamation de celui-ci *n'importe à quelle*

« *heure*. Par un reste de pudeur cette restitution n'a
« pas lieu dans la ville mais au delà du pont Faidherbe.
« (c'est-à-dire encore *en plein territoire français*.) La
« conduite est faite par des alcatys (agents de police)
« sur l'ordre du bureau politique. »

De cela, il y a plusieurs preuves plus convainquantes les
unes que les autres. 1° L'ordre d'expulsion de cinq esclaves à la fois réclamés par un habitant de Bakel (voir
plus haut, p. 10). Cette pièce officielle, imprimée, n'a pu
être contestée par M. le Ministre, or, on n'y voit nulle
mention que l'exécution aura lieu de nuit. 2° Le fait de
la femme qui se jette à l'eau du haut du pont Faidherbe
et qui, sauvée, est remise *directement, en plein jour*, à
son maître lequel se trouvait là juste à point « quoi qu'il
« ne put savoir ni de quel côté, ni à quelle heure, la
« malheureuse femme devait être conduite à la frontière! »
3° l'attestation donnée par les négociants Sénégalais de
Bordeaux sur la réalité des faits révélés par M. Villeger.
4° l'art. 5 de l'arrêté du gouverneur Jauréguiberry portant : « Lorsqu'il se trouvera à St-Louis ou à Gorée, etc.,
« des esclaves fugitifs et que leurs maîtres viendront
« les réclamer, ces esclaves seront conduits au delà
« des frontières du territoire français, *où leurs maîtres*
« *seront libres de les reprendre*. » Cet article informe
bien les maîtres qu'ils seront libres de reprendre leurs
captifs à la fontière, mais il ne dit pas le moins du monde
que les captifs y seront amenés de nuit. 5° L'article 8
du même arrêté Jauréguiberry statuant : « Les esclaves
« accompagnant leurs maîtres, seront, s'ils réclament un
« titre de liberté, expulsés *immédiatement* et conduits
« au delà de nos frontières. » *Immédiatement* n'explique-
t-il pas qu'ils sont chassés sous les yeux mêmes des
maîtres? Ce terme peut-il comporter de bonne foi qu'on

attendra une nuit indéterminée pour se débarrasser d'eux afin qu'ils aient chance de leur échapper ? Je crois ces preuves irréfutables.

Prétendre ensuite que « l'expulsé est libre de choisir « la route qui lui convient le mieux et que l'on ne permet « jamais au maître de s'y trouver pour le saisir, » a de quoi nous étonner. Si l'homme est *libre de choisir son che- min*, comme il se gardera bien de l'indiquer à personne, il est clair qu'on ne peut *défendre au maître de s'y trouver, pour le saisir*. D'ailleurs au-delà de nos fron- tières, on n'aurait pas plus le pouvoir que le droit d'em- pêcher le maître de stationner où il lui plairaît. Cela dit, l'expulsion eut-elle jamais pu être nécessaire, est-on par- donnable de chasser ces malheureux à jour fixe, ce qui est pour eux une source de dangers presqu'inévitables ? L'humanité ne faisait-elle pas un devoir de leur donner secrètement un délai de 8 ou 15 jours durant lequel ils pourraient partir à tel moment ignoré même de la police qu'ils jugeraient le plus favorable à leurs desseins ?

Pour ce qui est de la loi du 3 décembre 1849 que l'on invoque afin de donner aux expulsions une apparence légale, l'idée n'est pas heureuse. Lorsque cette loi qui avait en vue les réfugiés politiques fut votée, l'assemblée législative était en proie à une réaction furieuse et M. Chamiot exprima la pensée de l'opposition républicaine en disant : « Si vous voulez donner au gouvernement le « droit d'expulsion, allez jusqu'au bout, faites une loi « complétement impitoyable, déclarez que la France a « perdu son caractère d'hospitalité. »

Je ne nie pas que la société ne doive, en vue de telle ou telle circonstance tout à fait exceptionnelle, avoir le droit de forcer à s'éloigner l'étranger dont la présence peut être une cause de trouble pour la paix publique ; ce que je dis, c'est qu'on fait au Sénégal un abus odieux de la loi de 1849, c'est que l'esclave fugitif n'est pas dans le cas prévu par elle. Voyez en effet : Aussi longtemps, nn mois, deux mois, trois mois, qu'il est chez nous sans être réclamé par un maître, on ne l'inquiète pas, on ne le juge pas du tout dangereux, on le laisse gagner tranquillement sa vie. Mais est-il réclamé, et n'eut-on pas le moindre délit à lui reprocher, on le déclare tout à coup « vagabond dangereux » et on le chasse impitoyablement! Quelle leçon de logique et d'équité donnée aux barbares! Quelle manière « de les habituer peu à peu « par notre exemple aux idées d'ordre social et de jus- « tice ! »

La vérité est que, comme la main d'œuvre est ce qui manque principalement dans notre colonie africaine, les fugitifs s'y procurent très-vite de l'ouvrage. Il n'y a pas d'exemple qu'ils soient jamais tombés à la charge de la communauté, en ce pays plein de l'admirable charité musulmane, où tout passant qui entre dans une maison et y trouve la table servie peut s'y asseoir et partir quand il a mangé, sans qu'on lui demande d'où il vient ni où il va. Qui voudrait dire, d'ailleurs, que ces hommes pussent être dangereux parce qu'ils n'ont d'autre moyen d'existence que l'emploi de leurs bras, lorsqu'on voit chaque jour « les habitants louer des esclaves du dehors « pour leurs cultures ou leur service domestique »?

§ IV

Nos relations avec les pays voisins.

La défense de M. le ministre a reposé plus d'une fois, et sans aucun doute à son insu, sur une équivoque. « Depuis « 1848, nos domaines se sont accrus Dans toutes ces

« annexions on s'est formellement engagé à respecter
« les mœurs, le statut personnel, les traditions des tribus
« annexées, et dans ces traditions figure au premier rang
« l'esclavage... Si on adoptait les mesures que réclame
« M. Schœlcher, par rapport aux peuplades qui nous en-
« vironnent, nos villes et villages seraient immédiate-
« ment affamés, parce qu'on cesserait de leur apporter
« l'espèce de millet qui est la base de leur nourriture...
« Ce n'est pas tout, les chefs indigènes, irrités par ce
« qu'ils appelleraient la violation de nos promesses, se-
« raient fort mécontents. »

M. le ministre me prête des idées qui ne sont pas les
miennes. J'ai très formellement exprimé à plusieurs reprises que je réservais les droits de nos voisins à rester
maîtres chez eux. Je n'ai demandé aucune mesure qui
tendît à violer les traités faits avec les peuplades voisines,
ni leurs us et coutumes; je défie que l'on puisse légitimement donner ce sens à un seul mot de mon interpellation. Ce que j'ai demandé, c'est que notre droit public
et la loi du 27 avril 1848 soient appliqués, non pas, je le
répète, ni dans les tribus annexées, ni dans les pays
alliés, mais dans les villes et villages déclarés territoires
français.

Afin de montrer les embarras qui pourraient en
résulter, M. le ministre de la marine a imaginé des
situations impossibles, dont il a nécessairement triom-
phé sans peine. « Pour les simples transactions
« commerciales, pour les achats nécessaires à la vie de
« chaque jour, comme pour l'acquisition de vêtements,
« d'ustensiles de ménage, on voit tous les jours venir
« dans nos villes des individus accompagnés de deux ou
« trois personnes qui sont des domestiques. Or, d'après
« nos lois, ces domestiques, que nous appelons des es-

« claves, devraient être immédiatement affranchis au
« moment où ils mettent le pied chez nous, et vous
« comprenez quels immenses inconvénients il en résul-
« terait. Il faudrait entourer nos territoires d'un nombre
« considérable d'agents qui demanderaient à chacun :
« Êtes-vous libre, êtes-vous esclave ? afin de déclarer
« immédiatement tout esclave affranchi et de renvoyer
« les maîtres seuls chez eux. Dans de telles conditions,
« le commerce et même les transactions de chaque jour
« deviendraient impossibles.

   « *Voix nombreuses*. C'est évident. »

   Malgré les nombreux « C'est évident », cet échafau-
dage ne soutient pas une minute l'examen. Il n'est nullement nécessaire d'avoir une armée d'agents demandant
à chacun : Êtes-vous libre, êtes-vous esclave ? Nos lois
ne nous obligent pas du tout « à affranchir immédiate-
« ment (ou de force) tout esclave qui met le pied chez
« nous » ; elles lui donnent la liberté, elles ne la lui impo-
sent pas. Ainsi que je l'avais bien expliqué d'avance dans
mon interpellation, par le fait même qu'elles le rendent
libre, elles le laissent maître de garder ses fers, s'il en
a le goût. C'est « aux individus accompagnés *de domes-*
« *tiques que nous appelons des esclaves* » à laisser aux
portes de la ville ceux qu'ils sauraient disposés à profiter de la puissance d'affranchissement de notre sol.
Cette prérogative de notre sol est une des gloires de
notre droit public, elle date de cinq siècles. Quelque
complaisance que l'on se sente pour l'esclavage, on ne
peut cependant pas nous demander de la renier, afin
d'éviter une petite gêne à ceux qui viennent acheter
chez nous des ustensiles de ménage.

   Allons à quelque chose de sérieux. Si la loi d'avril
1848, nous dit-on, devenait une vérité au Sénégal, « si

« nos territoires étaient des refuges pour les captifs éva-
« dés, le vide se ferait autour de nous, et nous aurions à
« .faire face à un état d'hostilité dont nous viendrions
« certainement à bout, mais ce serait au prix de très
« grandes dépenses d'hommes et d'argent. »

Je crois avoir démontré que ce sont là des dangers
imaginaires. Je réfère le lecteur à ce que j'en ai dit plus
haut (pages 22 et 24), et, pour mieux le convaincre, je vais
fortifier mon opinion d'arguments puisés dans le discours même de M. le ministre.

« Notre colonie, a-t-il constaté, s'est accrue de pos-
« sessions en nombre assez considérable, acquisitions
« faites soit à la suite d'expéditions militaires, soit
« par voie de traités librement consentis, soit enfin parce
« que des tribus réclamaient notre protectorat. » Des
possessions acquises à la suite d'expéditions militaires
sont des conquêtes. Or, quand on n'a pas craint d'aller
faire chez les peuplades voisines des expéditions de
conquête, peut-on dire avec une apparence de raison
qu'on s'exposerait à ce qu'elles nous déclarassent la
guerre, si nous gardions leurs esclaves fugitifs? Plusieurs des tribus annexées l'ont été « parce qu'elles ré-
« clamaient notre protectorat ». Pourquoi se sont-elles
placées d'elles-mêmes sous notre domination? Évidemment afin de nous avoir pour défenseurs contre leurs
ennemis. Peut-on croire sérieusement qu'elles renonceraient à notre alliance et se soulèveraient contre nous,
si nous ne leur rendions pas ceux de leurs captifs qui
viennent à leur tour implorer notre protection?

Quant aux tribus annexées par traités librement consentis, j'estime qu'il était peu digne de la nation française, en contractant avec elles cette alliance si avan-
tageuse pour elles de ne faire aucune réserve à l'égard

de leurs esclaves. Sur ce point, il n'est pas hors de propos de citer en passant un trait du *West-African reporter
de Sierra Leone* (n° du 21 avril dernier) : « L'annexion
« d'une peuplade, selon les Français, dit-il, se traduit
« en ces termes : Je prends votre pays pour en tirer
« profit, mais si vos esclaves se réfugient chez nous, je
« vous les rendrai. Que penseraient nos Chambres des
« Communes et des Lords, si un de nos ministres venait
« leur dire : Je n'ai pu réussir à annexer cette province
« sans m'engager à lui livrer ses esclaves fugitifs » ? On
n'a pas eu d'inquiétude de ce genre, soit. Nous nous
sommes obligés à respecter *chez elles* les institutions
serviles des tribus annexées ; soit encore, mais nous ne
nous sommes nullement engagés à leur sacrifier *chez nous*
les principes qui font la splendeur de notre droit public.

Qu'il faille tout faire pour entretenir nos bonnes relations avec les peuples qui nous environnent, cela va sans
dire ; ce que je soutiens, et pour le soutenir j'ai l'opinion
de personnes ayant une longue expérience des hommes
et des choses du Sénégal, c'est que nous ne risquons pas
de troubler ces bonnes relations en maintenant le privilège de nos territoires. Je l'ai déjà expliqué dans mon
interpellation, j'ai représenté que nos voisins ont,
commercialement, autant besoin de nous que nous
avons besoin d'eux ; et, politiquement, ils ont un
bien autre intérêt à ne pas rompre avec nous, qui les
protégeons contre les Maures. Il faut se rappeler, en
outre, qu'avant 1848 on allait de Saint-Louis faire chez
eux la chasse à l'homme ; s'ils n'ont pas pris les armes
lors de ces hideuses expéditions qui les frappaient jusqu'au cœur de leurs familles, est-il admissible qu'ils les
prennent aujourd'hui pour protester contre notre droit
d'asile ?

Comment! Il y a deux communes de notre colonie de la Guyane, l'Ayapock et l'Approuage, où viennent s'établir tous les jours des esclaves fugitifs du Brésil, et le Brésil n'a même jamais songé à les revendiquer! Comment! la France, dans l'affaiblissement relatif où l'ont mise les désastres de la dernière guerre impériale, n'a pas craint de mécontenter la Russie en refusant de rendre M. Hartmann, et elle devrait craindre de mécontenter quelques tyrans africains en accomplissant un devoir d'humanité!

J'ai, de plus, à faire valoir que notre situation au Sénégal est bien loin d'être celle qui faisait dire, à tort ou à raison, au gouverneur de 1848 « qu'il considérait la « colonie comme perdue si l'on y appliquait la loi du « 27 avril. » De précaire qu'il était alors, notre pouvoir est devenu tout-puissant à la suite du succès continu de nos armes. — Par le traité du 20 mai 1858, entre le général Faidherbe et le roi des Maures Trarzas, vaincu, celui-ci reconnaît que le Oualo, Bakol et Gandiole sont soumis à la France, qu'en conséquence aucun Maure armé ne traversera le fleuve pour aller dans ces pays. — Par le traité du 10 juin de la même année, signé à Podor, le roi des Maures Bracknas, défait, s'engage à empêcher les courses et les pillages de ses tribus sur la rive gauche du fleuve, dans le Dinnar et le Djiolof, qu'il reconnaît être sous notre protection. Depuis cette époque, ces traités ont toujours été respectés par les Maures.

Par un traité de 1859, le Toro, province séparée du Fouta et devenue un Etat indépendant, est annexé à la France.

En 1860, campagne contre le Cayor, qui prend feu. — Dès 1861, le Damel (roi) du Cayor, battu, nous cède Gandiole; il prend l'engagement de ne plus vendre aucun de ses sujets libres et de ne plus faire esclaves les étrangers qui traversent son pays. —En 1864, Lat-Dior, avec l'aide du Fouta, veut le renverser; nous le défendons, et Lat-Dior mis en déroute se retire chez Maba, dont nous écrasons la puissance dans son propre pays. — Lat-Dior peut reprendre l'offensive contre le Cayor en 1865. Après plusieurs années de guerre avec lui, la victoire nous reste, et, par un traité de 1870, il nous abandonne en toute souveraineté Diander, du côté de Dackar et de Rufisque, le Gankhoune, le Thoubé, qui s'étend du Cap-Vert à M'Pol vers Saint-Louis, et le Gandiole près Saint-Louis. — En 1871, un marabout du Fouta se révolte, il attaque le Cayor; le brave colonel Begin est envoyé au secours du Cayor, et, après une campagne des plus brillantes qui donne un nouveau lustre au prestige de nos armes, il repousse le marabout, qui est tué dans la dernière action.

Aujourd'hui, nous sommes en réalité devenus les maîtres du Cayor et du Fouta, placés sous notre protectorat. — Quelques années plus tard, John Catty, roi du Rio-Pongo, demande à faire avec nous un traité d'alliance, qui est signé en 1876.

Depuis lors, tous ces pays plusieurs fois vaincus sont pacifiés; si braves que soient leurs habitants, ils reconnaissent notre supériorité; ceux qui ne nous aiment pas nous redoutent, et quoique nous fassions chez nous pour garder le culte de nos lois, nous n'avons rien à craindre.

§ V

Toutes les craintes au sujet de la libération d'esclaves fugitifs sont chimériques.

Ce coup-d'œil jeté sur l'histoire de notre colonie africaine, convaincra tout esprit raisonnable que les craintes de guerre, au sujet d'esclaves fugitifs auxquels nous rendrions la liberté, n'ont véritablement rien de sérieux.

Dans le cas où les maîtres se fâcheraient au point de nous attaquer, ainsi que s'obstine à le prévoir M. le ministre, il veut bien accorder que « nous aurions raison « de leur hostilité; » mais, dit-il, « nous finirions par « régner sur un désert. Car toutes ces populations, pour » lesquelles un déplacement est absolument indifférent, « n'auraient rien de plus pressé que d'émigrer et de « porter leurs tentes ou plutôt leurs cases en paille sur « le territoire de nos rivaux, qui n'affranchissent pas les « captifs qui mettent le pied sur le sol de la Gambie. »

Monsieur le ministre tombe là dans une flagrante contradiction. Si « un déplacement était absolument in- « différent pour toutes ces populations » et si elles n'avaient pas à subir chez nos rivaux la perte de leurs esclaves fugitifs, elles ne nous feraient certainement pas la guerre parce que nous donnerions asile à ces derniers. Elles aimeraient bien mieux courir tout de suite chez nos voisins. Le vide dont nous menace M. le ministre est un danger aussi chimérique que celui de la guerre. Présen‑ ter ces populations comme à peu près nomades et très faciles à se déplacer, est une grande erreur. Je ne les ai vues nulle part, en parcourant la Sénégam‑ bie, campant en quelque sorte sous la tente, je les ai vues toutes vivre dans des cases quelque fois de paille, le plus grand nombre de terre, formant des villages assez souvent plus ou moins grossièrement fortifiés et entourés de champs qu'ils cultivent. Rien de tout cela ne ressemble à des établissements qu'on peut emporter sous le bras. Le cultivateur d'arachides est un homme essentiellement sédentaire.

Une raison péremptoire pour se convaincre de ce qu'à
d'imaginaire l'exodus en masse vers la Gambie qu'an-
nonce M. le ministre, c'est que bien qu'il l'ait répété
deux fois, en s'appuyant d'une dépêche du gouverneur
actuel, dire « que les Anglais n'affranchissent pas les
« captifs qui mettent le pied chez eux, » est une assertion
tout à fait erronée.

J'avais pour le penser le souvenir de ce que j'avais vu
à Sainte-Marie-Bathurst, en 1848, et je l'affirmai à la tribune. Je n'ai pas voulu m'en tenir là. J'ai adressé à
M. Chesson, secrétaire de la *Société protectrice des Abor-
rigènes*, à Londres, copie textuelle des paroles de M. le
ministre, le priant de les mettre sous les yeux du ministre des colonies de la Grande-Bretagne, et de demander s'il était vrai que l'Angleterre eut abandonné quelque
chose de ses principes à ce sujet. Il m'a répondu, en
date du 24 avril : « Votre ministre de la marine se
« trompe complètement. Vous pouvez assurer sans hési-
« tation qu'en Gambie, comme à Sierra-Leone et dans
« toutes nos possessions, un esclave devient libre du
« moment qu'il touche le sol britannique, et n'est dans
« aucune circonstance rendu à son maître. J'ai posé
« très explicitement la question à notre ministre des
« colonies, Sir Michael Hicks Beach. Ci-joint sa réponse :
« Je suis chargé par le secrétaire d'État des colonies de
« vous accuser réception de votre lettre du 14 courant
« touchant ce qui se pratique dans les établissements de
« la Gambie à l'égard des esclaves fugitifs. Sir Michael
« Hicks Beach me prie de vous informer qu'il n'a auto-
« risé aucun changement à la politique ou à la pratique
« anglaise sur ce sujet en Gambie, et qu'il n'a pas de
« raison de supposer qu'aucun changement ait eu lieu.
« Mais copie de votre lettre va être adressée au gouver-

« neur de nos possessions à la côte occidentale d'Afrique,
« pour qu'il fasse un rapport.

« Signé : BRAUSTAW. »

Ce rapport, il a été fait et communiqué à la *Société protectrice des Aborigènes* qui a bien voulu m'en envoyer une copie : il est d'ailleurs inséré dans le numéro de juillet dernier du journal de la société ; en voici la traduction fidèle :

« Dépêche de l'administrateur de la Gambie, datée du 27 mai 1880, au secrétaire d'Etat pour les colonies ;

« Considérant que pas un moment ne doit être perdu pour rectifier toute impression fausse qui pourrait résulter de ce qu'a déclaré le ministre de la marine français, je me hâte de contredire ses assertions d'une manière directe et sans réserve.

« J'ai l'honneur d'exposer que, depuis que j'administre la Gambie, le droit d'asile et de complète et parfaite liberté est accordée avec joie à tout esclave qui parvient à toucher le sol britannique et que j'ai invariablement et distinctement fait savoir aux rois et chefs indigènes que dans aucune circonstance quelconque un esclave fugitif ne serait rendu pour retomber en esclavage ou induit soit par force, soit par persuasion, à quitter notre établissement, Moi-même, je n'ai jamais négligé de bien avertir les esclaves qui paraissent devant moi, que je ne pouvais leur accorder protection qu'aussi longtemps qu'ils resteraient dans les limites de notre territoire, et de leur conseiller de ne pas s'en éloigner.

« Nos officiers partout ont reçu ordre de donner aux esclaves fugitifs le même avertissement et le même conseil.

« Autant que je sache, la même politique et la même

police de protection et d'encouragement aux esclaves fugitifs ont été observées par mes prédessesurs. »

Les négociants sénégalais fixés à Bordeaux et tirant
leurs informations directement des lieux-mêmes corro-
borent ce qu'on vient de lire par une note au *Courrier
de la Gironde* (10 octobre 1879). « ... Malgré le zèle que
mettent les Anglais à faire exécuter leur loi, ils n'obtien-
nent pas de résultats bien effectifs et se créent des diffi-
sultés nombreuses. Les possesseurs d'esclaves dissimu-
lent, de concert avec leurs captifs eux-mêmes, la
véritable condition de ces derniers, ou les laissent à la
frontière du sol anglais pour les reprendre au retour. »

. L'administrateur de la Gambie ne paraît pas connaître
« ces difficultés », mais qu'elles soient réelles ou non,
sa dépêche prouve qu'il les brave, et qu'il ne craint ni
d'être « affamé ni de régner bientôt sur un désert. »
Son attitude énergique vis-à-vis des possesseurs de captifs contraste singulièrement avec la timidité, si peu
dans leur nature et dans leurs habitudes, qu'affectent
nos gouverneurs en cette matière.

Si la Grande-Bretagne peut, sans danger, donner
force en Gambie au pouvoir libérateur de son sol, la
France n'a évidemment pas à courir davantage les risques de guerre dont la menacent nos esclavagistes si
elle faisait de même au Sénégal.

Les documents émanés du ministère des colonies an-
glaises sont précis, ils montrent formellement que la
Grande-Bretagne fait observer chez elle avec scrupule et
vigueur ses décrets d'émancipation. Impossible de le
mettre en doute. En face de témoignages, aussi catégo-
riques et officiels, M. l'amiral Jauréguiberry doit reconnaître qu'on lui a dit le contraire de la vérité, et renon-
cera, je l'espère, à soutenir plus longtemps « que nos

« rivaux n'affranchissent pas les captifs qui mettent le
« pied sur le sol de la Gambie. »

Au demeurant, en quoi consiste sa thèse, sur quoi
s'est-il appuyé d'un bout à l'autre de sa réponse pour
maintenir au Sénégal le *statu quo* servile dans toute sa
laideur, sans vouloir rien y changer ? Le voici : Nous
sommes condamnés par la nature des choses à y transiger avec l'esclavage. Paix et prospérité pour notre colonie si nous abandonnons son droit d'asile ; famine, guerre,
ruine de notre commerce, vide fait autour de nous *si
nous ne livrons plus les esclaves fugitifs*. Tel est fidèle-
ment le résumé de son discours. Eh bien, *nous les gar-
dons* ! C'est M. le ministre qui le déclare, oubliant heureusement que par cet aveu il renverse de fond en comble
tout son système. Laissons-le parler : « Tous les ans nous
« avons accordé l'entrée chez nous, avec affranchisse-
« ment, à un très grand nombre d'esclaves, et sans
« remonter jusqu'à 1522 (1), je n'irai pas plus haut que
« 1877, je puis citer des chiffres : en 1877, 299 *captifs
« réfugiés* ont été libérés par nos soins. En 1878, on en
« a libéré 219, et du 1er janvier au 16 octobre 1879,
« mes renseignements ne vont pas plus loin, il y a eu
« 282 libérations. Durant cette même époque, on n'a
« prononcé que 32 expulsions, »

En moins de trois ans, en deux ans et neuf mois,
on a fait libres 800 réfugiés ; aux maîtres réclamant on
n'a, dans le même espace de temps, donné d'autre satis-
faction que d'en « expulser 32 » ; cela, paraît-il bien, n'a

(1) « Sans remonter jusqu'à 1522 ». Ceci est une très fine moquerie de
la citation que j'ai faite d'une lettre d'aussi vieille date. (Voir plus haut,
page 25). Cette lettre fière et touchante d'un général français refusant
de livrer un esclave fugitif qu'on lui réclamait, ne semble pas avoir
effleuré le cœur de M. l'amiral Jauréguiberry.

produit aucune espèce d'émotion chez nos voisins, nos
bonnes relations avec eux n'en ont point été troublées.
Voilà ce qu'on déclare avec un légitime orgueil. Qu'on ne
vienne donc plus répéter que si nous ne laissions pas en
souffrance la loi du 27 avril 1848, la colonie serait perdue. Et qui pourra-t-on persuader qu'il était impossible de
sauver les 32 expulsés comme les autres, qu'il fallait
trahir leur confiance, les sacrifier sous peine de guerre?
Des chiffres en semblable question sont des faits pal-
pables, et que valent contre de tels faits tous les sophis-
mes de gouverneurs trop familiarisés avec la servitude.
Ou ils sont faux et le soupçonner serait une insulte au
ministère, ou ils prouvent que l'on conserve au Sénégal
un restant de ce que l'ancienne législation coloniale avait
de plus criminel, uniquement par pur amour de la chose.
Supposons que les concessions faites à l'esclavage aient
jamais pu être nécessaires, il est démontré par les chiffres de l'administration elle-même que l'on peut y renoncer sans courir aucun risque.

§ VI

Nos chemins de fer en Afrique.

Malgré ce qu'on vient de lire, non seulement il fau-
frait sacrifier la liberté à la servitude dans nos territoires, mais encore il n'en faudrait pas dire un mot
en France. On veut nous faire croire que plaider à
Paris l'abolition de l'esclavage dans notre colonie sénégalaise « c'est alarmer toute l'Afrique qui se persuade aussitôt que nous voulons l'abolir chez elle » et c'est, par
suite, compromettre le succès de nos chemins de fer vers
le Niger. Singulière idée : ils commencent à mettre à
exécution ces beaux projets et le mot d'affranchissement

les effraie. A quoi pensent-ils donc? Ne se doutent-ils
pas que le percement de ces voies ferrées, destinées par
leur nature même, à opérer la conquête pacifique et morale du continent noir en y portant la civilisation y porte-
ront avec le temps l'abolition de l'esclavage.

Pour y mettre la main, dit M. le ministre, « il faut
« avoir recours aux ouvriers indigènes. Or, ces ouvriers
« sont tous, sans exception, des captifs. Par conséquent, si
« nous mettions en pratique ce qui nous est proposé,
« nous n'aurions pas d'ouvriers. J'ai, en effet, reçu un rap-
« port du gouverneur m'informant qu'après avoir eu la
« promesse de beaucoup de chefs, d'entretenir un chan-
« tier de 500 ouvriers, ces chefs se récusent aujour-
« d'hui. » M. le ministre explique ensuite que le gouverneur attribue ce changement subit d'idée, à ce qui se
dit en France. Le rapport est trop violent à cet endroit
pour que M. le ministre ait pu le lire ! mais ce qu'il en
a extrait donne à penser qu'il eût mieux valu supprimer
la dépêche entière. Il est question « de cupidités alar-
« mées, de personnes qui ont intérêt à empêcher la voie
« ferrée de s'établir, à faire échouer toute tentative
« d'extention de notre colonie et qui ne sont pas étran-
« gères à tout le bruit que fait une certaine partie de
« la presse française sur l'esclavage au Sénégal... de fau-
« teurs de désordre, d'agitateurs, d'ennemis de notre
« domination, etc., » (voir plus haut, p. 42 et 43).

Notre domination au Sénégal, c'est l'existence même
de la France sénégalaise. Des négociants, nés au Sénégal
ne sont pas moins Français qu'un colonel né à la Martinique. Prétendre que « leur cupidité s'alarme » de la
création de voies ferrées qui ne peuvent que grossir les
chiffres de leurs affaires, est au moins bizarre et, pour
espérer être cru il faut avoir la faculté de se créer de bien

fortes illusions. Quant à la presse qui fait du bruit en
France sur l'esclavage au Sénégal, nous en sommes ; il
nous appartient de dire que la rendre complice « d'ennemis de l'extention notre colonie », pire encore! « de
cupidités alarmées », c'est une calomnie et il est regret-
table que M. le ministre s'en soit fait l'éditeur.

Reprenons : « Les ouvriers indigènes, a-t-on dit, sont
« tous, sans exception, des captifs. » L'Afrique occidentale ne serait donc peuplée que d'une masse énorme
d'esclaves appartenant à quelques chefs? Erreur complète.
Il s'y trouve au contraire grand nombre d'hommes libres
et comme partout des pauvres, ceux-là ne demanderont
pas mieux que d'accepter de nos entrepreneurs un travail
bien payé. Le Diambourg est une sorte de république
indépendante composée d'hommes libres, le Fouta est
aussi une sorte de république dont l'Almami (le chef)
est élu et dont presque tous les habitants sont libres.
Journellement, on en voit venir à Saint-Louis où ils font
tous les métiers y compris celui de porte-faix, ainsi que
les Auvergnats et les Savoisiens qui abondent à Paris.
Ils retournent de même chez eux, après avoir amassé un
pécule qu'ils emploient à acheter de la terre. Il sort du
Sénégal chaque année pour 18 millions de francs d'arachides, beaucoup de cultivateurs de cette graine oléagi-
neuse sont « de petits propriétaires libres ». Je tiens ce
dernier renseignement de personnes connaissant bien le
Sénégal, notamment de M. Lafont (de Fongaufier).

Lors de ses guerres contre les Maures et d'autres ennemis où le général Faidherbe a rendu d'immenses ser-
vices et s'est tant illustré, chaque fois qu'il préparait une
expédition, il faisait des appels de volontaires dans les
pays environnants, et je tiens de sa bouche qu'il eût
toujours des corps de 500 à 600 combattants africains

qui se joignaient à nos troupes. Ces volontaires ne pouvaient être évidemment que des hommes libres, ils
étaient attirés par une petite solde et par l'espoir du
pillage en cas de victoire. A l'heure présente, quand, à
Dackar ou à Gorée, on a besoin de bras-extra pour dé-
charger les navires, on le tambourine aux environs et
ils ne font jamais défaut. Quelques-uns, il est très vrai,
sont des captifs envoyés par leurs maîtres qui comptent
sur leur fidélité, mais le plus grand nombre sont des libres
qui, par parenthèse, n'ont aucune objection àtravailler à
côté des captifs.

Ainsi, nulle crainte sérieuse à avoir que nos chemins
de fer civilisateurs manquent jamais de bras : D'abord
les nombreux hommes libres seront heureux d'y trouver de
l'ouvrage ; ensuite il est aisé de démontrer aux maîtres
que les captifs qu'ils nous loueraient resteraient dans leur
entière dépendance. Je me permets de renvoyer le lecteur
à ce que j'ai dit à cet égard. (Plus haut, p. 27 et 30.)

M. Teissière, *négociant au Sénégal, son pays natal*,
m'écrit à ce sujet :

« ... En ce qui concerne l'esclavage au Sénégal, tenez
pour certain qu'il ne peut influer en rien sur la construc-
tion du chemin de fer projeté. C'est une pure fantasma-
gorie de prétendre que les propriétaires de captifs refu-
seraient leur concours de crainte de voir libérer par le
gouvernement français les esclaves qui seraient employés
aux travaux.

« Comment veut-on qu'ils aient une semblable préoc-
cupation, lorsqu'il s'agit de territoires qui ne sont même
pas soumis à notre autorité; quand ils savent pertinem-
ment, ces propriétaires d'esclaves, qu'alors même que
leur marchandise humaine vient à se réfugier à Saint-
Louis, à l'abri du drapeau tricolore, au siège du gouver-

nement, ils sont admis à les revendiquer, et que l'administration française se croit tenue de les leur livrer.

« J'ajoute que, quand cette crainte serait réelle, — et
je viens de montrer combien elle est vaine, — les travaux
n'en pourraient pas moins être poursuivis à l'aide d'ouvriers *libres.*

« Ma conviction est qu'on en trouvera tant qu'on
voudra, soit dans les contrées que l'on a à traverser, soit
dans d'autres provinces, comme le Fouta, mais à la condition expresse :

« 1° De ne prendre que ceux qui voudront s'engager
volontairement, et *de ne contraindre, de ne réquisitionner personne.*

« 2° *De les payer à la journée,* et de leur assurer la
subsistance pendant tout le temps qu'ils seront employés ;

« 3° *De les laisser libres de quitter les chantiers* quand
bon leur semblera, comme l'entrepreneur qui a la faculté
de les congédier à tout instant.

« Hommes libres, ils ont la prétention de rester des
travailleurs libres ; qu'on ne le leur conteste pas, et je
maintiens que les bras ne manqueront pas.

« Au ministère de la marine, où on ne connaît notre
colonie que d'après les seuls rapports officiels, on ne se
doute guère que la grande, que l'immense peur des populations qui nous entourent est, non pas de voir abolir
l'esclavage chez elles par l'autorité française puisque,
encore un coup, elle les aide à recouvrer les fugitifs jusque
sur son propre territoire, mais d'être *réquisitionnées* par
elle et conduites au travail *manu militari.*

« N'a-t-on pas vu récemment la main d'œuvre s'élever,
à Saint-Louis, dans une large mesure parce que les na-

tnrels du Fouta, qui d'ordinaire viennent s'y employer
comme journaliers, s'étaient enfuis à l'intérieur à la seule
pensée que le gouverneur voudrait peut-être les em-
brigader de force pour transporter des poteaux télégra-
phiques qu'il venait de recevoir en grande quantité? »

Ces appréhensions sont significatives. On fera bien
d'y attacher une grande importance : elles montrent que
la difficulté de trouver des travailleurs pour nos voies
ferrées africaines tiendra précisément, si l'on n'y met
ordre, au peu de respect qu'a l'administration de M. le
colonel Brière de l'Isle pour les personnes comme pour les
propriétés des habitants et à la rudesse avec laquelle il
accueille leurs réclamations. M. Teissière en fournit des
preuves déplorables dans un article de *la Gironde*, dont
nous tirons les passages suivants :

« ... Le caractère des actes de notre pouvoir local au
« Sénégal est de plus en plus arbitraire et violent, té-
« moin l'arrestation de ces malheureux commerçants
« noirs, molestés et définitivement *incarcérés* par le
« commandant du poste de Tébékout, pour ne lui avoir
« pas fourni aussi promptement qu'il l'exigeait un cer-
« tain nombre d'animaux destinés aux transports que le
« gouvernement avait à faire dans le haut du fleuve !
« Je citerai encore l'instructive correspondance suivante
« échangée entre une honorable maison de Saint-Louis
« et le chef de la colonie :

« Monsieur le Gouverneur,

« Nous avons l'honneur de porter à votre connaissance que
« M. le commandant de Bakel a réquisitionné nos deux cha-
« lands nommés *le Khady* et *le Zéler*. Le premier de ces cha-
« lands avait été envoyé par nous dans le haut du fleuve pour
« effectuer les charrois de nos produits entre Médine et Bakel.

« Par le fait de la réquisition, ce bateau n'a pu remplir la mis-
« sion à laquelle nous l'avions destiné, et nos arachides res-
« tent dans les comptoirs exposés aux risques de toutes sortes.
« Quant à la descente de ces graines, elle ne pourra plus s'ef-
« fectuer maintenant qu'au mois de juillet prochain, les eaux
« ayant perdu à Médine.

« Quant au chaland *le Zéler*, il venait d'arriver de Médine à
« Bakel, chargé en arachides. Il devait se compléter sur ce
« dernier point et descendre à Saint-Louis. M. le commandant
« de Bakel *a fait débarquer nos arachides* et s'est emparé du
» chaland, pour l'affecter, ainsi que le *Khady*, au transport des
« matériaux envoyés de Saint-Louis pour les travaux de Ba-
« foulabé.

« Il nous semble que l'administration aurait dû prendre des
« dispositions pour assurer le transport de ses matériaux ; les
« embarcations ne manquaient pas à Saint-Louis.

« Nous croyons donc devoir protester contre les agisse-
« ments de M. le commandant de Bakel, dont l'administration
« est responsable, pour avoir réquisitionné nos embarcations
« qui étaient en cours de voyage et dont l'une était chargée en
« partie. »

« A cette légitime réclamation l'administration locale,
« qui doit pourtant aide et protection à tous les citoyens
« français, n'a trouvé à répondre que l'étonnante lettre
« qui suit :

« Saint-Louis, 18 décembre 1879.

« Messieurs,

« Le gouverneur me charge *de vous retourner* la lettre que
« vous lui avez adressée le 10 de ce mois relative à une réqui-
« sition de deux de vos chalands qu'aurait faite dans le fleuve
« le commandant du poste de Bakel.

« Sans discuter le fond de la question sur laquelle vous
« croyez devoir faire des réserves, il ne paraît pas au chef de la
« colonie qu'il puisse admettre votre lettre dans certains des

« termes où elle s'est produite alors que vous énoncez : Il
« nous semble que l'administration aurait dû prendre ses dis-
« positions pour assurer le charroi de ses matériaux ; les em-
« barcations ne manquaient pas à Saint-Louis.

« Le gouverneur estime que vous n'avez ni les moyens ni les
« qualités voulus pour apprécier la manière d'agir de l'admi-
« nistration quand elle a eu à envoyer du matériel de Saint-
« Louis dans le haut du fleuve.

« Recevez, etc.

« *Le chef du service de l'intérieur,*

« ROYER. »

« Et l'on pourrait s'étonner, après de tels faits, que
« les populations qui nous entourent s'éloignent de nous
« et que l'administration n'ait pas trouvé le nombre de
« travailleurs sur lequel elle comptait pour la construc-
« tion du chemin de fer de Bafoulabé au Niger !

« Le commandant du poste de Tébékoùt, dont nous
« avons rappelé les hauts faits, a été, il est vrai, rem-
« placé *sur l'ordre du département de la marine;* mais
« s'imaginerait-on, d'aventure, que de semblables abus
« restent ignorés et que la nouvelle de la violence exer-
« cée contre de paisibles commerçants ne s'est pas ré-
« pandue dans l'intérieur et n'y a pas produit une pro-
« fonde impression ?

« Lorsque les peuples avec lesquels nous sommes en
« contact voient l'autorité française disposer ainsi à son
« gré des biens et même des personnes *de nos propres*
« *nationaux,* comment veut-on qu'ils ne redoutent pas
« un semblable traitement pour eux-mêmes ?

« Dans un rapport adressé au ministre de la marine et
« lu à la tribune du Sénat, le gouverneur du Sénégal
« n'a pas craint de parler de je ne sais quelles cupidités
« alarmées *(sic),* s'efforçant d'entraver la tâche entreprise

« par le gouvernement métropolitain, — accusation témé-
« raire, que l'on n'aurait pas dû jeter ainsi dans une
« discussion publique sans être en mesure de l'appuyer
« de preuves, — calomnie destinée à masquer l'échec
« subi par l'administration locale et dont l'honorable
« ministre des travaux publics a, d'ailleurs, vengé la
« population sénégalaise en déclarant, dans l'intéressant
« rapport qu'il vient de présenter au Président de la Ré-
« publique, que les autorités, ainsi que nos compatriotes,
« *colons et indigènes du Sénégal, ont rivalisé de zèle,*
« comme ceux de l'Algérie, pour assurer le succès des
« missions françaises chargées d'étudier le tracé du che-
« min de fer en question.

« Il n'est pas de race plus facile à diriger que les
« noirs du Sénégal. Doux et bons par nature, ils ont
« par-dessus tout la haine de l'injustice, et la violence
« les révolte. Respectez leurs droits, montrez-leur quel-
« que considération, traitez-les en hommes, enfin, avec
« douceur, équité, et, comme dit une charmante fable
« sénégalaise à propos d'un crabe qui, étant parvenu à
« se saisir de la corde pendant aux narines d'un cha-
« meau, se faisait suivre par le grand quadrupède,

> « Vous les mènerez
> « Par le nez.

« J'affirme, sans crainte d'être démenti par aucun de
« ceux qui connaissent notre colonie et le caractère de
« ses habitants, qu'une administration qui saurait s'atti-
« rer leur sympathie et leur confiance trouverait tou-
« jours, non pas même des esclaves, mais des travail-
« leurs *libres* à en céder.

« Comme conclusion aux arguments nouveaux que je
« viens d'apporter à une cause que je sers depuis long-
« temps déjà, il me sera permis de souhaiter une fois de

« plus que le département de la marine, éclairé sur
« l'état des esprits au Sénégal et s'inspirant de ses véri-
« tables besoins, place enfin à la tête de ce pays, qui a
« besoin d'apaisement et de concorde, un homme nou-
« veau dégagé de toute idée préconçue et de qui les
« opinions soient en harmonie avec la Constitution libé-
« rale qu'il a pour mission d'acclimater et de faire pros-
« pérer au Sénégal.

« Au système militaire, qui a fait son temps et qu'on
« peut juger aujourd'hui d'après ses résultats comme on
» juge d'un arbre à ses fruits, il substituera alors l'éta-
« blissement du régime civil si ardemment désiré par la
« population et seul capable, ainsi que l'a proclamé la
« Chambre des députés dans un ordre du jour mémo-
« rable, d'assurer la prospérité de nos établissements
« d'outre-mer.

« Albert TEISSIÈRE. »

Je m'associe à tous les sentiments qu'exprime M. Teissière. Retourner une lettre à qui l'a écrite est une insulte
des plus graves. Voilà M. Brière de l'Isle qui fait, en sa
qualité de gouverneur, cette insulte à des négociants.
Pourquoi ? Parcequ'ils ont osé lui écrire qu'il ferait mieux
de prendre ses précautions que de réquisitionner leurs
instruments de travail ! Entre un procédé aussi offensant
et ceux d'une administration civile, il y a la différence du
mal au bien.

§ VII.

Trafic d'esclaves dans nos villes avec la participation
des autorités locales.

J'ai traité jusqu'ici la question dans ses rapports avec
nos voisins, examinons maintenant ce qui a lieu chez

nous, ce qui ne les regarde en aucune manière et ne peut ainsi ni de loin ni de près altérer nos bonnes relations avec eux. « Nos postes, a dit M. le ministre, sont admi-« nistrés d'après la loi française ; et jamais, je le déclare « ici hautement, jamais, comme on vous l'a dit, on n'a « vu sur ces territoires où dans nos villes aucune vente, « aucun marché d'esclaves qui n'ait été immédiatement « réprimé et sévèrement puni. »

J'ai le regret d'être obligé de répliquer que cette dé-claration est malheureusement contraire à la réalité des choses.

Je l'ai prouvé d'avance par la lettre de M. Batut, juge à Gorée et à Dackar dont les habitants sont citoyens français, et à ce titre, participent à l'élection du député de la colonie. « L'esclavage dit M. Batut existe ici en « plein, l'administration y tient la main, et lorsqu'un « esclave réclame sa liberté elle le force à se racheter ou « la lui refuse. » (Voir plus haut p. 15) Ce sont là des faits positifs, articulés par un magistrat mort à la peine.

Les a-t-on (puisque — on — il y a toujours) les a-t-on discutés, contestés ? Non, on se borne à dire : « l'année « dernière à la suite de l'intervention inopportune, d'un « magistrat dont M. Schœlcher a cité le nom, voici « ce qu'écrivait le gouverneur à mon prédécesseur : « « ... La querelle que cherchait le service judiciaire à « certains chefs, avait jeté une vive émotion dans les « populations musulmanes, elles voyaient la spoliation « approcher. » Quelle était cette querelle ? Il eût été équitable de l'exposer puisqu'on blâmait un magistrat ayant tout au moins le mérite, n'eût-il que celui-là, de n'avoir pas plus peur de la fièvre jaune que le gouver-neur. Mais laissons cette querelle pour ce qu'elle vaut, il ne s'agit pas d'elle, il s'agit de l'esclavage encore ouvertement pratiqué dans une ville française : c'était à cela qu'il fallait répondre. On a évité d'en toucher un seul mot. J'ai donné lecture à la tribune d'une patente de liberté délivrée par un habitant de cette ville à une esclave qui lui payait sa rançon et dont il gardait les enfants impubères ! (voir plus haut, p. 16). Sur cette pièce d'une si révoltante immoralité, passée en quelque sorte par-devant notaire, et constituant une double infraction à « la loi française, » silence complet de mon contradicteur !

Voici maintenant trois autres pièces que je choisis entre quinze semblables adressées à M. Batut :

« Monsieur le Président,

« Je vous écris pour te dire que, à présent, je suis une esclave et que j'ai entendu que vous donnez la liberté aux pauvres malheureux. Et pour moi, je ne suis pas bien là où l'on me fait toute sorte de misères. Je viens pour l'amour du bon Dieu me diriger devant vous, afin que tu puisses me donner la liberté. Je me nomme Tiebothe, demeurant à Beth, née dans le Saloum. Ma maîtresse se nomme Cayt Aguye. »

« Dackar, le 5 avril 1878.

« Monsieur le Président à Gorée,

« Je venais vous faire connaître ma position. Je suis esclave, ainsi que la plus grande partie de mes parents. J'avais un enfant dont la mère était morte quand il était jeune. Je l'ai élevé, et maintenant qu'il commence à pouvoir travailler, mes maîtres veulent me l'enlever. Je venais vous le faire savoir pour que vous me veniez en aide de ce que je dois faire. Moi : Bayo Gnori Gnome. Le petit

dont je vous ai parlé se nomme Bayo Gnome. Et Tiou
Faye et Omar Faye. Je voudrais que nous ayons tous la
liberté. Notre maître se nomme N'Diaga, Guye, Pocame
et Moussa Diope. »

« Dackar, le 2 avril 1878.

« Monsieur le juge,

« De condition libre du Saloum, lors de la décadence
de ce royaume, des hommes se sont emparés de moi toute
jeune encore, et sans parents, car mon père et ma mère
étaient morts, et profitant de ma jeunesse, m'ont menée
jusqu'à Dakar et *m'y ont vendue* à une nommée Aram
Salo. Pendant dix ans consécutifs, je fus sous la domination abominable de cette femme, qui n'avait ni pitié,
ni indulgence à mon égard. Toujours travaillant du ma-
tin au soir, pour toute consolation je recevais des coups
et des mauvais traitements sans savoir où me réfugier
pour me soustraire à tous ces maux... Ayant entendu
parler de la justice et de l'équité du tribunal qui punit
les méchants et soulage les oppressés, je me suis décidée
à m'adresser à vous pour que vous veniez à mon aide.
Pour vous démontrer que c'est avec raison, c'est que cette
femme est capable de tout, car un jour après m'avoir
frappée et insultée, elle m'a dit par sarcasme : tu es mon
esclave, je suis ta maîtresse, je puis te tuer d'un jour à
l'autre sans que personne puisse m'en empêcher. Crai-
gnant les suites d'une pareille menace pour moi et mon
enfant, c'est pour cela que je viens réclamer votre secours
et l'aide de la loi française qui a condamné l'esclavage
par l'émancipation des noirs et la promulgation de la
liberté, égalité et fraternité en 1848. Je vous prie d'agréer
les remerciements et le dévouement de votre humble ser-
vante affligée et opprimée. Foli Sarre. »

A moins que M. le ministre ne dise que ces trois lettres sont des faux forgés par le magistrat qui certifie les avoir reçues, ou que la ville de Dackar n'est pas reconnue terre française, il sera bien obligé de convenir qu'il a induit le Sénat en erreur en déclarant que « nos terri-« toires au Sénégal sont administrés d'après la loi fran-« çaise. »

Que M. le ministre me permette de lui faire remarquer qu'il ne m'a presque toujours répondu que par des échappatoires, sans prendre corps à corps les abus que j'ai signalés.

J'ai dit sur l'affirmation d'un magistrat, M. Batut, que l'esclavage était encore en pleine pratique à Dackar, il répond que « M. Batut a cherché querelle à certains chefs de l'extérieur. »

J'ai dit sur l'attestation d'un missionnaire, M. Ville-ger : « On vend et on achète des esclaves dans toutes « les villes de notre dépendance ; la mission protestante « a acheté en 1877 une petite fille à Bakel. » Ce sont là des choses très précises, si elles sont fausses rien de plus facile que d'en avoir la preuve, M. le ministre répond : « le missionnaire qui a fourni ces renseigne-« ments ne m'inspire pas de confiance ! »

J'ai dit que le gouverneur avait fait élargir deux hommes incarcérés, en attendant les assises, sous l'inculpation de trafic d'esclaves ; il répond : « Ce gouverneur est « un vaillant militaire qui n'a pas eu peur de la fièvre « jaune ! »

J'ai cité un ordre imprimé expulsant de Saint-Louis plusieurs hommes sans articuler contre eux le moindre grief, uniquement parce qu'un autre homme les réclamait à titre de propriétaire de créatures humaines ; le ministre répond : « la loi du 3 décembre 1849 confère

à l'autorité le droit d'expulser un étranger *dangereux*. »
J'ai dit qu'expulser de *nos territoires* les esclaves fugitifs qui viennent y chercher refuge, était une violation
flagrante de nos lois ; il répond ; « On ne peut appliquer
nos lois *aux pays annexés* avec lesquels nous avons des
traités garantissant leur statut personnel ! »

Il n'est que trop vrai, la majorité du Sénat s'est dé-
clarée satisfaite des explications que M. le ministre n'a
pas données, il en a le bénéfice, mais je demeure certain que cette manière de discuter en passant à côté
des questions embarassantes est loin de satisfaire l'opinion publique. Les actes d'arbitraire, d'illégalité, d'inhumanité que j'ai mis à nu restent intacts au débat, un
ordre du jour tout politique, voté pour ne pas ébranler le
ministère, n'y peut rien changer.

M. l'amiral Jauréguiberry a une confiance illimitée
dans ses délégués, et il croit, j'en suis sûr défendre la
vérité, mais qu'il ne refuse pas, *à priori*, créance aux
faits que j'ai exposés, qu'il exige de ceux qu'ils accusent
de lui en rendre un compte catégorique, sans faux-
fuyants et il acquerra la certitude qu'il a été jusqu'ici
fort mal renseigné.

Il a « déclaré hautement qu'aucun acte d'esclavage
« ne se commet au Sénégal qui ne soit immédiatement
« puni. » Eh ! bien voici « un acte d'esclavage » qui serait
commis par l'autorité même dont le premier devoir est
de les punir ! J'ai lieu de ne pas craindre d'y appeler
son attention.

Le bataillon de tirailleurs sénégalais, organisé sous le
général Faidherbe, par le lieutenant-colonel Faron (aujourd'hui général) se recrutait au moyen d'engagements
volontaires. Il ne se composait pas seulement de Sénégalais, les gens du Cayor, du Oualo, du Fouta venaient

s'enrôler, flattés par un costume assez brillant, par une prime qu'on leur donnait et par les soins que leur prodiguait l'habile colonel Faron.

Depuis on leur a fait prendre la tenue européenne, on n'accorde plus de prime et il en résulte qu'il n'y a presque plus d'engagements volontaires.

Est-il vrai, oui ou non, que ce bataillon se recrute aujourd'hui ou se recrutait naguère au moyen d'une restauration pure et simple de la traite des noirs ? Est-il vrai, oui ou non, qu'à cet effet des chefs de poste sont ou étaient récemment chargés d'acheter des hommes provenant des razzias qui se font à l'intérieur? Est-il vrai, oui ou non, que le prix payé par homme est de 240 francs ; 200 francs donnés au vendeur et 40 francs donnés à l'esclave ! Est-il vrai, oui ou non, que l'on affranchit celui-ci en lui faisant contracter un engagement dit volontaire de six ans?

Si à ces questions on est obligé de répondre ; Oui, on ne manquera pas de faire observer que là tout est au profit de l'esclave puisqu'il devient soldat français au jour de l'engagement et maître de lui-même au bout des six années de service. C'est la vieille défense que l'on avait imaginée pour la traite des noirs, mais elle ne fut jamais acceptée.

Si l'on songe aux guerres, aux massacres, aux atrocités qui se commettent pour se procurer les captifs dont les négriers savent trouver acheteurs chez nous, on verra que chacun d'eux coûte la vie à trois ou quatre créatures humaines.

En définitive, il y a un moyen simple, facile de mettre la vérité au grand jour, hors de doute sur ce qui se passe au Sénégal. Le moyen est une enquête, et il est au pouvoir du ministre de l'ordonner.

Que la commission chargée de cette enquête et présidée par lui-même, s'il le veut, soit formée de parlementaires, de magistrats, de conseillers municipaux de Paris comme celle qui fut instituée en janvier 1879 pour juger des incriminations dirigées contre la préfecture de police, que la commission puisse citer à sa barre les témoins qu'elle voudra y compris les fonctionnaires coloniaux, que ceux-ci interrogés soient dégagés de ce bâillon appelé le secret professionnel si commode pour cacher les abus, que l'on recueille leurs dépositions aux colonies par commissions rogatoires lorsqu'il ne sera pas possible de les faire venir à Paris, que devant la commission, quiconque demandera à parler soit entendu, enfin que les procès-verbaux de l'enquête soient publiés ; alors on saura si oui ou non l'application de la loi du 27 avril 1849, entraînerait les ruines, les guerres qu'on lui attribue ; et, si par impossible l'existence de ces dangers était reconnue, on chercherait et nul doute qu'on ne trouvât le moyen de les conjurer.

Je demande cette enquête.

Quelles que soient les raisons alléguées pour s'en excuser, il n'est pas nié en fait que l'on ne transige avec l'esclavage au Sénégal, c'est pour notre pays une souillure dont il doit se laver. L'esclavage est une institution si profondément immorale, si pleine de cruautés, si contraire à toute notion du bien qu'il est impossible de croire que l'ordre public soit intéressé à lui sacrifier nos généreuses traditions d'hospitalité. Pas plus au Sénégal qu'ailleurs le gouvernement de la République ne saurait outrer le respect du droit de propriété, jusqu'à reconnaître dans l'enceinte de nos villes, les prétendus droits d'un maître sur son esclave.

Il faut en finir avec un état de choses qui fait jouer à la France ce rôle honteux. Il est, en vérité, trop étrange de voir deux hommes de gouvernement : tout deux haut placés, s'évertuer à soutenir que le salut d'une colonie serait en péril dès qu'on y appliquerait une loi *que l'on y a promulguée!* Le pouvoir exécutif impose tous les jours le respect de dispositions législatives, qu'il déclare lui-même détestables (L'honorable M. Constans, ministre de l'intérieur, Chambre des députés, séance du 7 juin 1880), mais, dit-il, tant qu'elles existent, il est forcé d'y tenir la main. Or, si c'est un devoir pour le citoyen d'obéir à la loi, à plus forte raison en est-ce un pour le gouvernement de l'observer scrupuleusement lui-même. Quel spectacle nous donnons : un ministre fait exécuter des lois notoirement mauvaises, pendant qu'un autre ministre en fait violer une si notoirement bonne, si morale, si française, si conforme aux principes d'une nation civilisée, que ceux-là mêmes qui la mettent sous leurs pieds n'oseraient pas en demander l'abrogation ! Il ne faut pas qu'on l'oublie plus longtemps: la question touche aux plus hauts intérêts de la morale et à l'honneur du pays. Ce qui serait criminel à Paris, ne l'est pas moins au Sénégal. Tolérer l'esclavage d'une manière quelconque, sur un territoire français quelconque, c'est déshonorer la République aux yeux du monde civilisé.

§ VIII

Fermer les yeux sur la violation flagrante de la loi qui abolit l'esclavage !

M. le ministre a terminé sa défense par ces paroles : « Croyez-vous que c'est en semant autour de nous la « ruine et la désolation, en jonchant des corps de nos

« soldats les sables brûlants et les marais empestés de
« l'Afrique, que vous obéirez aux principes d'une véri-
« table humanité? Pour moi, je suis convaincu du con-
« traire, car ce n'est pas l'emploi de la violence et de la
« force brutale qui modifie du jour au lendemain les
« institutions séculaires de cent millions de créatures
« humaines. Je hais l'esclavage autant que qui que ce
« soit, mais je veux arriver au but tant désiré par la
« diffusion des lumières, en répandant au milieu des
« tribus ignorantes de l'Afrique les bienfaits de l'in-
« struction, en dotant enfin nos établissements coloniaux
« d'institutions libérales qui attireront à nous les popu-
« lations. En un mot, ne demandons qu'au temps et à
« notre exemple la transformation de ces sociétés pri-
« mitives. »

Hélas! ceci nous rappelle les reproches adressés aux
abolitionnistes il y a quarante ans. Les esclaves, disait-
on, sont plus heureux que les ouvriers en Europe; ap-
prenez-leur l'usage de la liberté avant de la leur donner;
croyez-vous que ce soit en bouleversant, en ruinant les
colonies, en y semant les colères d'une émancipation in-
tempestive, mal préparée, que vous obéirez aux principes d'une véritable humanité, que vous arriverez au
but tant désiré?

Que ce ne soit pas de propos délibéré, nous ne faisons
nulle difficulté de le croire, mais, en fait, il n'y a dans
le langage de M. le ministre, comme alors, qu'un ajour-
nement indéfini caché sous des phrases sonores. Personne
n'a envie de « joncher les sables brûlants de l'Afri-
« que des cadavres de nos soldats, pour modifier en un
« jour les institutions de cent millions de créatures
« humaines. » Tout ce que veulent les abolitionnistes,
c'est qu'on rende, à l'heure présente, chez nous (j'ai dit

chez nous, et l'on fait une chose peu louable en me prê-
tant d'autre pensée), c'est qu'on rende force *chez nous*
au privilège qu'à notre sol de métamorphoser l'esclave en
homme, de le rétablir dans ses droits de créature humaine ; tout ce que nous voulons, c'est qu'on revienne,
en 1880, dans nos établissements du Sénégal, devenus ter-
res de France, à la morale connue il y a quatre mille ans,
de Moïse, qui défendait aux Hébreux de livrer à son
maître l'esclave fugitif.

Nous renvoyer pour cela au jour où l'on aura « répandu
« les bienfaits de l'éducation au milieu des cent millions
« d'habitants de l'Afrique », c'est nous renvoyer, comme on dit vulgairement, aux kalendes grecques; c'est
un leurre auquel personne ne peut être pris.

Il est vrai, a dit en somme le Ministre, nous pac-
tisons avec l'esclavage, la plus détestable des institutions barbares ; nous faisons un peu litière du
droit public français; nous passons par-dessus la loi
du 27 avril 1848 ; mais « c'est pour sauver de grands
« intérêts commerciaux et pour le bien de notre colo-
« nie. Fermer les yeux est le parti le plus sage à
« prendre au milieu des populations africaines. Nous
« vous supplions de nous permettre de suivre cette voie.»
Il y a un passage du *Marchand de Venise* qui répond à
ce genre de défense : « Je vous en conjure, dit Bassiano
« au tribunal, foulez une fois la loi aux pieds; pour
« rendre la grande justice, faites une petite injustice.
« — Cela ne doit pas être, réplique Portia ; il n'y a pas
« de puissance à Venise qui puisse altérer un décret
« établi ; cela serait enregistré comme un précédent, et
« par cet exemple bien des abus feraient irruption dans
« l'Etat. »

Nous vous supplions de fermer les yeux. Sur quoi?

Sur la violation flagrante d'une loi! Dans quel intérêt? Dans l'intérêt de l'esclavagisme! Voilà ce qu'un ministre de la République supplie la France de faire! Et le Sénat, préoccupé, a répondu que pour son compte il n'avait pas d'objection à fermer les yeux!

« Ne demandons qu'au temps et à notre exemple, dit « aussi M. le ministre, la transformation de ces sociétés « primitives. »

Notre exemple? Mais celui que nous leur donnons n'a servi et ne sert encore qu'à entretenir leur barbarie. Notre exemple? Est-ce en leur rendant leurs esclaves fugitifs que nous leur ferons comprendre la criminalité de l'institution servile? Est-ce en voyant vendre, acheter des esclaves dans nos villes, avec notre sanction, comme ils le voient, qu'ils apprendront que l'esclavage est un mode d'être corrupteur de toute société? Est-ce en violant nous-mêmes la loi du 27 avril, dont ils connaissent très-bien l'existence, en maintenant à la tête de notre colonie africaine un gouverneur coupable d'avoir fait élargir deux hommes régulièrement emprisonnés par autorité de justice, que nous leur enseignerons le respect des lois, sauvegarde des Etats? Notre exemple? Ah! comment osez-vous en promettre quelque effet salutaire, lorsque vous êtes vous-même forcé d'avouer que sous le régime de votre prédilection « le mahométisme a fait de « très grands progrès dans toute l'Afrique »? (voir p. 42)

« Le temps? » Mais il ne fait rien sans qu'on l'aide. Or, comment vous et vos prédécesseurs en doctrines coloniales l'avez-vous employé? Voilà deux cents ans que nous sommes au milieu de ces peuples, et personne ne serait tenté de dire que notre contact ait modifié quoi que ce soit de leur état social!

Le temps? Voyons donc ce qu'il a fait. M. le ministre

a rappelé une dépêche d'un gouverneur du Sénégal, du 12 janvier 1849, où il est dit : « Je considère la colonie « comme perdue, si on ne modifie pas pendant quelques « années le décret du 27 avril, sans en abandonner en- « tièrement l'esprit. » Admettons, pour la discussion, que ce gouverneur jugeât bien la situation et les vrais intérêts de la colonie ; il y a plus de « *quelques années* », il y a trente-et-un ans qu'il parlait ainsi. Qu'a-t-on fait « pour ne pas abandonner entièrement l'esprit du « décret du 27 avril » ? Rien, absolument rien. Le dé- cret est aussi méprisé que jamais, on n'en a pas plus mé- nagé l'esprit que la lettre. Le ministre de l'empire, en 1868, M. Rigaud-Genouilly, était plus libéral que le ministre de la République, M. Jauréguiberry ; le temps semble avoir marché à reculons. La dépêche de M. Ri- gaud-Genouilly (voir plus haut, p. 13) indiquait que, pour lui, expulsion ou restitution des esclaves à leurs maîtres revenait au même ; si bien qu'il ajoutait : « Ces disposi- « tions n'ont jamais pu avoir qu'une portée transitoire « et doivent se modifier avec l'extension de notre in- « fluence. » Qu'a produit de bon « le temps », depuis douze années que cela a été écrit ? Rien, absolument rien. Au contraire, c'est sous l'extension de notre influence qu'on voit à cette heure un négrier traverser librement un territoire français avec sa cargaison humaine, ce que l'on n'aurait peut-être pas permis il y a douze ans.

Et aujourd'hui, lorsque je signale à M. le ministre, avec preuves à l'appui, des faits d'esclavage perpétrés dans nos villes, sous les yeux de l'autorité locale, à Saint-Louis même, au cœur de l'administration fran- çaise, il s'écrie encore : « La voie que nous suivons « est la seule sage pour arriver au but tant désiré ! » Si l'on restait dans cette voie d'une stérilité cruelle, et qu'elle fût la seule sage, il n'y a pas de raison pour qu'on ne dise dans un siècle à nos neveux, qui s'en indigneraient : « Voulez-vous donc semer autour de vous « la ruine et la désolation ? Voulez-vous donc joncher des « cadavres de nos soldats les sables brûlants de l'Afri- « que ? Pour atteindre le but tant désiré, attendez qu'avec « le temps, notre exemple et l'extension de notre in- « fluence, nous ayons modifié graduellement les idées « sur l'organisation de la famille et de la société des « cent millions de créatures humaines qui peuplent « l'Afrique. »

Quant à moi, je suis très décidé à ne pas me payer de cette monnaie ; s'il faut encore lutter pour l'abolition de l'esclavage sous la République, je lutterai aussi énergiquement que jamais. Le satisfecit que M. le ministre a obtenu du Sénat ne m'en détournera pas. N'en déplaise au petit nombre de gens encore trop puissants que l'on met en colère « en faisant du bruit sur l'esclavage au Sénégal », je continuerai à en faire jusqu'à ce que la question soit résolue à l'honneur de la France, et je suis profondément convaincu qu'elle le sera avant peu. L'esclavage ne tardera pas à disparaître du Sénégal comme la bastonnade a disparu de nos bagnes, parce qu'aujourd'hui, dans notre pays, les causes d'humanité sont gagnées à partir du moment où on les met en pleine lumière ; leur triomphe définitif n'est qu'une affaire de jours.

Le bruit, dont ce qui reste de partisans d'une institution maudite peuvent seuls se plaindre, lui a déjà porté un coup mortel ; elle ne s'en relèvera pas. Quand la France, qui l'ignorait, la France toujours pleine de pitié pour les malheureux, saura bien que sous son pavillon on fait encore commerce d'hommes, de femmes et d'en-

fants, quelque fausse raison d'Etat qu'on puisse invoquer
pour couvrir ces crimes, elle ne voudra pas le souffrir. Il
est impossible qu'au dix-neuvième siècle la liberté ne
finisse par vaincre la servitude. Bientôt justice sera faite ;
rien de ce qui offense l'humanité ne peut durer sous la
République.

OPINION DE LA PRESSE

L'Évènement, 3 mars 1880

Interpellation à M. le Ministre de la marine.

M. Schœlcher a développé aujourd'hui sa demande d'interpellation à M. le ministre de la marine. Le défenseur de la cause des esclaves est venu porter à la tribune des faits d'une gravité exceptionnelle.

Le décret de 1848 abolissant l'esclavage est-il, oui ou non, respecté dans notre colonie du Sénégal?

Une circulaire ministérielle permet aux autorités de cette colonie de remettre les esclaves fugitifs des tribus voisines entre les mains de leurs maîtres, à la seule condition que ceux-ci adressent une demande d'extradition dans les trois mois, et, comme tout esclave fugitif est tenu de se faire inscrire à un bureau spécial, dès son arrivée, le maître qui le cherche envoie une réclamation au bureau et l'esclave est toujours retrouvé.

Le fameux principe déclarant libre l'esclave qui touche le sol français, principe que notre pays a eu l'honneur de proclamer en Europe, n'est plus qu'une maxime sans conséquence.

Bien plus, dans la colonie même l'esclavage est toléré. M. Schœlcher a cité aujourd'hui le cas spécial d'un maître affranchissant une esclave en une ville française et réservant sur les enfants de celle-ci son droit de propriété!

L'administration du Sénégal fait bon marché de la dignité humaine et viole audacieusement les principes de notre droit

public, plusieurs fois consacrés par la jurisprudence constante
de la cour de cassation.

M. Schœlcher, qui n'est pas orateur, a lu une protestation
énergique contre ces odieux scandales, en demandant à M. le
ministre de la marine de les réprimer sans retard.

M. l'amiral Jauréguiberry, comme il fallait s'y attendre,
s'est bien gardé de flétrir les abus qui lui étaient signalés et
s'est tout au contraire efforcé de les atténuer et de les excuser.
Il n'a pas changé d'opinion depuis 1862.

Le gouverneur du Sénégal qui faisait alors saisir et recon-
duire jusqu'à la frontière les malheureux en rupture d'esclavage est resté, en passant au ministère de la marine, le pro-
tecteur et l'avocat des propriétaires d'esclaves.

M. Jauréguiberry a donc répondu à M. Schœcher que le
gouvernement respectait, au Sénégal, les traditions et les
coutumes des tribus annexées depuis 1848.

L'esclavage a pris depuis cette époque le nom de servage,
servage héréditaire, et cela suffit. On a simplement changé
l'étiquette; la lettre du décret du gouvernement provisoire est
respectée.

Les Droites ont fait à M. le ministre une ovation méritée,
qui contrastait avec le silence des Gauches. M. Schœlcher
demandait l'ordre du jour pur et simple ; M. Lenoël est venu
tendre la perche à M. Jauréguiberry en déposant un ordre du
jour de confiance que le Sénat, pressé de revenir au projet sur
l'enseignement supérieur, a voté sans enthousiasme.

L'intérêt qui s'attache au grand débat engagé depuis plusieurs
semaines au Luxembourg a contribué largement à sauver
M. Jauréguiberry.

Le National, 3 mars 1880

L'esclavage devant le Sénat

Hier, dans un ordre du jour peu édifiant, le Sénat s'est déclaré « satisfait » des explications assurément très franches, mais d'une moralité insuffisante, données par M. le ministre de la marine relativement à la désinvolture avec laquelle le gouvernement du Sénégal méconnaît la loi du 27 avril 1848 abolissant l'esclavage.

Nous avons été des premiers à citer les faits qui ont amené M. Schœlcher à la tribune.

Au lieu de considérer comme affranchis les esclaves qui, pour échapper aux mauvais traitements de leurs maîtres, se réfugient sur le territoire français, on livre les suppliants, aux individus qui ont sur eux le droit de vie et de mort.

« En 1876, raconte un pasteur protestant, M. Villéger, témoin oculaire, une femme réfugiée à Saint-Louis et réclamée par son maître, est saisie par la police. Pendant qu'on l'entraîne, elle pousse des cris à fendre l'âme. Arrivée sur le pont Faidherbe, elle se jette à l'eau, préférant la mort à la servitude ; elle est sauvée par un noir et remise à son maître, qui l'attache sur un chameau et l'emmène. J'ai été témoin de cette scène ; je ne l'oublierai jamais. »

Les ventes qui ont lieu dans les marchés d'esclaves, où l'on donne un homme pour un bœuf et quatre pour un cheval, reçoivent du gouvernement une sanction légale.

Des caravanes d'esclaves traversent librement le territoire français.

Les enfants d'une femme émancipée ne bénéficient même pas de l'article 45 du code noir de 1685 et, dans la circonscription de Gorée, on donne une consécration officielle à un acte de libération dans lequel trois des enfants conçus pendant l'esclavage d'une nommée Marianne Gueyre sont eux-mêmes retenus comme esclaves.

Qu'a répondu M. Jauréguiberry ?

Il a répondu en disant que les faits étaient exagérés, et que dans tous les cas il valait mieux fermer les yeux.

L'esclavage n'est point là-bas si dur qu'on se l'imagine.

O triomphe de l'euphémisme ! L'esclavage n'est au Sénégal qu'un « servage héréditaire » qui, le ministre l'a dit sans sourire, possède ses « priviléges ».

D'ailleurs, le commerce local souffrirait de l'application stricte de la loi de 1848.

Les chefs indigènes seraient mécontents, les marabouts seraient furieux et les esclaves eux-mêmes — ceux qui viennent se réfugier sur notre territoire — se tourneraient contre le gouvernement qui leur offrirait leur liberté.

Ce n'est pas tout. M. Jauréguiberry a cité des chiffres :

« En 1877, a-t-il dit, 299 captifs réfugiés chez nous ont été libérés par nos soins. En 1878, on en a libéré 219, et, du 1er janvier au 16 octobre 1879, mes renseignements ne vont pas plus loin, il y a eu 282 libérations.

» Durant cette même époque, on n'a prononcé que 32 expulsions. »

Et le ministre de la marine ne s'aperçoit pas d'un fait qui cependant aurait dû le frapper ; c'est que si l'on a libéré 800 captifs réfugiés, (299+219+282) il n'était pas plus difficile d'en libérer 832. On eût ainsi évité trente-deux scènes scandaleuses et déshonorantes pour ce pays de France dont le nom est synonyme d'affranchissement.

Le Sénat peut se déclarer satisfait, mais l'honneur national ne sera satisfait, lui, que si l'on en finit avec des pratiques cruellement puériles et tout à fait indignes de notre civilisation moderne.

PAUL FOUCHER.

Le Rappel, 4 mars

—

L'esclavage

Le Sénat a repoussé l'ordre du jour présenté par M. Schœl-cher. Les sénateurs diront peut-être pour leur excuse qu'ils n'avaient pas bien entendu l'interpellation. L'excuse sera détestable. Il est certaines interpellations qu'il faut à toute force s'arranger pour entendre quand on a quelque souci de la dignité de son pays. Et quand un orateur vous démontre que l'esclavage existe encore chez nous, malgré les lois qui l'abolissent, on n'est pas quitte envers l'opinion publique en disant : Nous avons beaucoup causé pendant que l'orateur parlait ; c'est ce qui nous a empêchés de l'écouter.

Qu'a fait le Sénat en donnant raison au ministre ? Il a rétabli ou plutôt maintenu, en dépit de toutes les lois, l'escla-vage au Sénégal. Désormais, grâce à lui, les marchands d'esclaves pourront tranquillement, comme ils le font d'ail-leurs, trafiquer sur notre territoire même. Désormais, avec plus d'impudence que jamais, puisqu'ils seront couverts par un vote de la Chambre haute, les autorités esclavagistes qui gouvernent le Sénégal en notre nom pourront livrer les noirs fugitifs à leurs propriétaires — comme elles l'ont fait en 1878, en « expulsant les nommés Sunkarou, Amady, Aly, Diaula, Almazo », réclamés par leur maître « Sambo Siré, de Backel ». Désormais, grâce au vote d'avant-hier, un propriétaire d'es-claves en affranchissant la mère pourra ouvertement garder les enfants comme cela est arrivé en 1877 dans l'affaire de Marianne Gueyre Yacati. Le propriétaire stipula, dans l'acte d'affranchissement que « Madianza, l'aîné des fils, a obtenu la liberté mais que les trois autres restent esclaves ». Désor-mais, et toujours grâce au vote d'avant-hier, quand un pré-sident de cour voudra poursuivre les traitants qui se seront livrés au commerce de l'homme sur le territoire français, le gouverneur du Sénégal, comme en 1879, pourra, avec plus d'audace encore, arrêter les poursuites ou empêcher les coupables d'être inquiétés. Le gouverneur, le propriétaire, le trafiquant de chair humaine, tout ce monde-là sera couvert par l'approbation du Sénat !

Et la loi de 1848 ? La loi est dédaignée, oubliée, méprisée, déchirée. Après tout, c'est une loi de la République ! Parlez-nous des décrets de 1852. Ceux-là, on les respecte. On s'en sert pour condamner les journalistes.

Mais que dire du ministre de la marine et de sa prétendue réponse ? Que dire de ses théories ? Il prend carrément en main la cause de l'esclavage. Il veut que nous respections les mœurs des populations africaines. Quelles mœurs ! et combien elles sont respectables ! Ah ! ça, mais le jour où M. Jauréguiberry gouvernera un pays d'antropophages, est-ce qu'il respectera la cuisine des naturels ?

M. Jauréguiberry craint la guerre ; il craint la guerre avec les Maures, la guerre avec les tribus nègres ; il craint de faire tuer nos soldats. Cela est très bien. Mais il faudrait prouver que la suppression de l'esclavage au Sénégal nous fera déclarer la guerre par les nègres et par les Maures ; c'est justement ce qu'il ne prouve pas. Comment ! l'Afrique entière accablerait notre colonie si l'on faisait, dans toute l'étendue des territoires français, ce qu'on est obligé de faire à Saint-Louis ! La plaisanterie est un peu forte.

M. Jauréguiberry a presque touché au comique lorsqu'il a annoncé qu'il voulait répandre « les bienfaits de l'instruction au milieu des tribus ignorantes de l'Afrique ». On se le représente tout de suite invitant les rois nègres à adopter l'article 7. Il a ajouté qu'il comptait ainsi « attirer à nous les populations » en dotant nos établissements d'institutions libérales. Cela est admirable : il va offrir aux « captifs » noirs une liberté de la presse sagement réglementée ; le droit de réunion tempéré par des amendes ; et peut-être le droit d'association. Hélas ! Hélas ! Est-ce qu'avant de « répandre l'instruction » il ne faut pas faire les hommes libres ? est-ce que ce n'est pas se moquer que de promettre des « institutions libérales » à des esclaves et à des marchands d'hommes ?

Le Sénat a couvert le ministre d'applaudissements. Eh bien, tant pis pour le Sénat ! Pour notre part, nous remercions M. Schœlcher de son solide discours. La cause qu'il a défendue avec courage, pourrait bien triompher bientôt, dans une autre enceinte et devant un autre auditoire.

ÉDOUARD LOCKROY.

L'Eglise libre, 12 mars

L'interpellation de M. Schœlcher.

Au terme de la discussion de l'interpellation de M. Schœlcher sur l'esclavage au Sénégal, le Sénat, dans sa séance du 1er mars, a adopté l'ordre du jour suivant : « Le Sénat, *satisfait des explications de M. le ministre de la marine et des colonies*, passe à l'ordre du jour. »

L'Eglise libre ayant la première dans la presse française soulevé cette question par la publication d'une lettre de M. Villéger, nous devions suivre et nous avons suivi avec une attention particulière le débat auquel elle a donné lieu. Nous avons lu les explications de M. l'amiral Jauréguiberry avec une entière bonne volonté. Rien ne nous eût été plus agréable que de les trouver satisfaisantes. L'amiral est membre d'un gouvernement que nous aimons, honnête homme et vaillant marin ; il est de plus notre correligionnaire. Il n'en fallait pas tant pour nous disposer envers lui à une respectueuse et toute bienveillante impartialité. Malgré cela, et quoi qu'il nous en coûte, nous devons avouer que notre surprise et notre confusion ont été grandes.

Nous comprenons à la rigueur que le Sénat ait accepté ces

explications. Dans les circonstances politiques actuelles, ne voulant pas ébranler le ministère en blâmant un ministre déjà peu solide, le Sénat s'est montré coulant ; il a, de propos délibéré, fermé les yeux et les oreilles. Mais ce que nous ne comprenons pas du tout, c'est que M. Jauréguiberry ait pu se défendre d'une façon aussi pitoyable.

Heureusement la question n'est pas enterrée. Elle n'est qu'ajournée. La Chambre des députés la traitera bientôt à son tour. Eclairée par la défense même de l'amiral, elle n'aura garde de confirmer le *satisfecit* de complaisance que lui a concédé le Sénat.

N'ayant aucun moyen de prédisposer son auditoire en faveur de sa cause, M. l'amiral Jauréguiberry s'est appliqué à l'indisposer contre les dénonciateurs des faits d'esclavagisme perpétrés à l'ombre du drapeau français. Il en a flétri deux : 1e un homme, témoin oculaire gênant, l'auteur de la lettre publiée par nous le 26 septembre dernier ; 2o les journaux qui se sont faits les échos indignés des révélations du premier.

L'homme, le témoin gênant, est M. Villéger, qui a passé *volontairement* DIX ANS, comme missionnaire, sous le ciel meurtrier du Sénégal. C'est cet homme là que M. Jauréguiberry, avec un manque de générosité qui étonne de sa part, a signalé comme ayant « déserté son poste sans autorisation et sans être « remplacé, au moment où une épidémie de fièvre jaune me-« naçait Saint-Louis, » et en conséquence indigne d'être cru.

On lira plus loin la réponse de M. Villéger à cette accusation inqualifiable.

Quant aux journaux, au premier rang desquels il faut placer l'*Eglise libre*, M. Jauréguiberry cite, pour les flétrir, un rapport qu'il a lui-même demandé au gouverneur du Sénégal, à la suite des révélations de M. Villéger. Nous citons l'*Officiel* :

« M. LE MINISTRE DE LA MARINE.... Dans cette dépêche, voici ce qu'il dit : « *Les gens qui écrivent peut-être par ordre les* « *correspondances qui vous ont été communiquées,* sont les mêmes « qui *font courir le bruit* dans le haut fleuve et même dans le · « Fouta, — car il ne s'agit pas seulement des territoires au

« delà de Médine, — *que tout ce que nous voulons faire n'a qu'un* « *seul but, la suppression de la captivité en Afrique.* »

« Et un peu plus loin :

« Dans *leur avidité alarmée*, ils sont capables de tout, et ma « conviction est qu'*ils ne sont pas non plus étrangers à tout le* « *bruit qu'on tente de faire en France, dans une certaine partie* « *de la presse, sur l'esclavage en Sénégambie.* »

Ainsi lorsque la presse apprend à la France stupéfaite que l'esclavage fleurit dans notre colonie, protégé par nos fonction- naires, et demande que ce scandale prenne fin, la presse n'est que l'instrument docile et vénal de « certaines cupidités », de « l'avidité alarmée » de gens « capables de tout ». Comment ajouter foi aux dires de journaux si bas tombés ? Ils sont dignes de servir d'organes à l'homme qui a « déserté son poste « au moment du danger.

Nous rougirions, pour nous et pour les journaux qui ont fait écho, de répondre à d'aussi gratuites injures. Nous nous bor- nons à les citer.

Mais faisons comme M. Jauréguiberry. Sacrifions les témoins, la presse ; cherchons ailleurs la preuve que l'esclavage existe au Sénégal ; que même dans les territoires de notre colonie, d'où on le prétend exclu, l'esclave fugitif n'obtient pas la liberté. Nous la trouverons naïvement exposée, développée, solidement établie avec documents à l'appui, dans... le discours même de M. l'amiral Jauréguiberry !

Nous voudrions pouvoir le citer en entier, ce discours, le faire lire à la France entière. C'est l'aveu dépouillé d'artifice le plus clair, le plus complet.

Remarquons toutefois un euphémisme de l'amiral, qu'il a sans doute apporté du Sénégal. Au lieu de dire comme tout le monde : *esclavage, esclaves*, mots brutaux, malsonnants à des oreilles françaises, M. Jauréguiberry se sert le plus souvent des termes : *captivité, captifs*, beaucoup moins durs. On parle ainsi, paraît-il, sur les côtes d'Afrique.

Ces termes sont justes, d'ailleurs, et très propres, les es- esclaves sont bel et bien des *captifs*.

Rappelons l'horrible histoire,

Un chef arabe ou nègre veut s'enrichir, Il arme une bande et va à la chasse, à la chasse à l'homme. Il connaît une tribu faible, désarmée. Il se jette sur elle; combat, tue, s'empare des hommes valides, des femmes, des enfants, vieillards et infirmes exceptés, enchaîne ses *captifs* et les emmène au marché lointain où l'acheteur l'attend.

Voilà la *captivité*, — nous disons, nous, — l'*esclavage*, — avec lequel, de l'aveu de M. Jauréguiberry, pactisent les fonctionnaires de notre colonie en expulsant de notre territoire les *captifs évadés*, lisez les *esclaves fugitifs*, qui viennent s'y réfugier.

Vous avez en moins de trois ans ouvert vos portes, accordé l'affranchissement à 800 « vagabonds » et « criminels » ? Car vous nous direz tout à l'heure que les gens de cette catégorie sont *les seuls* qui viennent se réfugier chez vous. Il est vrai que dans la même période vous en avez de votre aveu *expulsé* 32. Ce sont ces 32 misérables repoussés dans la servitude, dont vous avez à rendre compte, et vos 800 affranchis ne sauraient nous faire oublier leur malheur.

Voilà trente ans passés qu'à paru le décret abolissant l'esclavage. Son considérant unique était « qu'aucune terre française ne peut porter d'esclaves. » Il est temps que cette loi soit appliquée. Si l'empire l'a traitée comme une lettre morte, il appartient à la République de la mettre en vigueur. Espérons qu'elle n'y manquera pas.

Léon Pilatte.

L'Eglise libre, 12 mars.

Lettre de M. Villeger prouvant que l'accusation d'avoir déserté son poste est fausse

M. le pasteur Villéger nous adresse de Lille, à la date du 4 mars, la communication suivante que nous nous empressons d'insérer :

« Je lis dans le compte-rendu de la séance de lundi au Sénat que le Ministre de la Marine, à propos de l'esclavage au Sénégal, a contesté l'exactitude des faits révélés par moi et confirmés par d'autres témoignages. Chacun défend sa cause comme il l'entend, et l'amiral Jauréguiberry était libre, pour répondre à l'interpellation qui lui était adressée, d'employer la méthode qui, non sans raison, lui paraissait être la plus facile.

« Je dirai seulement à cet égard que, pour se convaincre que des actes de cruauté se produisent au Sénégal, le Ministre de la Marine aurait quelque chose de plus sûr que ma parole et celle de n'importe qui. Il lui suffirait de consulter les archives de la Cour d'Assises du Sénégal, il y rencontrerait, notamment pendant les années 1870 et 1877, plus d'une condamnation pour faits de cruauté envers des noirs. Or, pour que la justice soit intervenue, il faut bien que ces faits aient existé ailleurs que dans mon imagination.

« Je dirai aussi qu'en parlant de l'administration du Sénégal, je n'avais pas en vue d'une manière particulière le gouvernement de M. Brière de l'Ile. Dans les faits que j'ai cités et que j'ai accompagnés de dates, plusieurs se sont passés avant l'arrivée du gouverneur actuel dans la colonie. Le mal vient de plus loin. D'ailleurs le gouverneur quel qu'il soit, a toujours le droit de se retrancher derrière l'Ordonnance organique et la circulaire ministérielle de 1862.

« D'après M. le Ministre, l'esclavage est un mal, mais un

mal nécessaire au Sénégal, où, sans lui, on ne trouverait pas d'ouvriers. Les esclaves seuls sont ouvriers dans notre colonie? Comment se fait-il donc que, lorsque l'administration fait exécuter des travaux, elle n'ait pour ouvriers, manœuvres ou autres que des hommes de condition libre et jamais des esclaves ?

« Maintenant, Monsieur et cher frère, j'aborde une autre question. Le Ministre, pour mieux prouver à quel point je suis indigne de confiance, m'a nettement accusé d'avoir abandonné la mission du Sénégal à cause de la fièvre jaune. Le fait de mon départ, ainsi présenté, me rend bien noir en effet. Mais vous me permettrez, je n'en doute pas, de voir s'il ne me serait pas possible de me blanchir en présentant ce fait sous un jour moins défavorable pour moi et en même temps plus vrai. En de telles circonstances, je crois que les faits sont plus concluants que les raisonnements. Voici donc des faits.

« Au mois de juin 1877, après trois ans de souffrances morales et de luttes dont je n'ai pas aujourd'hui à faire connaître la cause, j'arrivai à la conclusion que je ne pouvais ni ne devais continuer l'œuvre que j'avais entreprise à St Louis. J'avais pour cela des raisons graves et légitimes ; je ne pouvais les expliquer d'une manière complète par lettres, et cela pour un motif que j'ai fait connaître plus tard à la Société, quand je pus parler de vive voix; mais j'en dis assez, me semble-t-il, pour être compris, et je demandai l'autorisation d'aller m'établir dans l'intérieur, c'est-à-dire, pour le dire en passant, dans une partie du Sénégal beaucoup plus malsaine que St-Louis, et d'où l'on était venu, à trois reprises, me demander des missionnaires. La Société ne crut pas devoir répondre favorablement à ma demande et exigea que je restasse à St-Louis. J'envoyai alors ma démission. Cependant comme je tenais à l'œuvre du Sénégal, et j'y tiens encore, j'offris de rester encore un an, c'est-à-dire jusqu'au mois de juin 1878, afin que le Comité eût largement le temps nécessaire pour me chercher un remplaçant.

« Une fois le mois de juin 1878 arrivé, j'étais libre de partir, j'avais tenu ma promesse. Cependant, mon remplaçant n'étant pas encore trouvé, je prolongeai mon séjour sans même que l'on m'en fît la demande, quoique le médecin indiquât comme nécessaire le départ immédiat de ma femme et que l'angoisse de cette dernière fût inexprimable à la pensée de me laisser seul au Sénégal.

« Elle partit au commencement de juillet. Deux jours après son départ, la fièvre jaune éclata à Gorée. Au mois d'août elle n'avait pas encore fait son apparition à Saint-Louis; mais l'on s'attendait d'autant moins à échapper à ses ravages que l'on souffrait déjà de la fièvre rouge qui en est regardée comme l'avant-coureur.

« Je fus atteint très fortement de cette fièvre. Lorsque je fus un peu mieux, le médecin me dit qu'il n'y avait pour moi qu'un moyen de salut : un départ immédiat. Si je n'avais pas dû quitter le Sénégal, il n'y aurait pas eu pour moi d'hésitation possible ; mais dans les circonstances où je me trouvais, ayant dépassé la limite fixée pour mon départ de Saint-Louis où je ne pouvais ni ne voulais rester, que j'aurais quitté en tout cas quelques semaines plus tard, au commencement de septembre, afin de rentrer en France avant les froids, je me demandai sérieusement, devant Dieu, si je devais rester, malgré l'avis pressant du médecin, ou partir et épargner à ma femme une horrible angoisse et peut-être un deuil qui n'eût été d'aucune utilité pour personne. Je crus et je crois encore, que je devais partir.

« En agissant ainsi j'ai, je le répète, avancé mon départ de quelques semaines ; et encore ? je ne serais peut-être pas resté jusqu'au mois de septembre quand bien même j'aurais été en bonne santé et qu'il n'y aurait pas eu d'épidémie, car si j'avais prolongé mon séjour, c'était dans l'espoir d'être remplacé par un missionnaire européen, après la mauvaise saison qui se termine au milieu d'octobre. Or, au mois d'août je savais qu'il fallait renoncer à cet espoir, et la preuve que je ne me trompais pas, je la trouve dans le fait qu'aucun pasteur n'a encore été envoyé à Saint-Louis pour y prendre ma place.

« Mais ce que je tiens à constater, c'est que mon départ était décidé depuis plus d'un an, et que ce n'est par conséquent pas la fièvre jaune ni aucune autre maladie qui m'a empêché de continuer l'œuvre que j'avais entreprise au Sénégal où la mort s'est approchée de moi plusieurs fois, mais où je n'ai jamais eu peur d'elle. « Je sais en qui j'ai cru. »

« A ces explications, j'ajouterai que M. l'amiral Jauréguiberry, étant membre du comité de la Société des Missions de Paris, *n'ignore, sans doute, aucun des détails que je viens de donner.*

« Veuillez recevoir, etc.

« F. Villéger. »

L'Eglise libre, 27 septembre 1879

—

Lettre de M. Villeger contenant les faits d'esclavage qu'il a signalés

Lille, le 17 septembre 1879.

Monsieur le rédacteur,

Je viens tenir la promesse que je vous ai faite au sujet de l'esclavage au Sénégal. Je me bornerai à citer quelques faits qui malheureusement ne sont pas les seuls de leur espèce, et qui peuvent se passer, me semble-t-il, de commentaire.

Mais d'abord je dois dire que le commerce des esclaves ne se fait pas par voie maritime. Je n'ai pas eu connaissance de navire négrier venant s'approvisionner au Sénégal ; tout le commerce se fait par terre. Les esclaves volés ou pris dans une guerre de tribu à tribu, de village à village, sont vendus au Sénégal pour être conduits chez les peuples nomades du *Sahara,* au *Maroc,* en *Algérie,* en *Egypte,* en *Turquie,* en *Asie*

J'ai dit qu'il y a des marchés à esclaves dans plusieurs des villes que nous occupons. Le fait est parfaitement exact. Je peux ajouter que l'on vend et achète des esclaves partout, dans toutes les villes, dans tous les villages, *Saint-Louis, Gorée* et *Dackar* exceptés. A Saint-Louis même, il y a eu une vente d'esclaves en 1877; il est vrai que la chose n'a pas été faite ostensiblement.

Quand les habitants de Saint-Louis veulent avoir de bons domestiques, ils achètent des enfants dans les endroits que j'ai cités et les amènent à Saint-Louis où ils sont tenus de déclarer leur acquisition au chef du service judiciaire. L'administration leur laisse les enfants jusqu'à ce que ceux-ci aient atteint leur majorité. Le maître est dit alors tuteur de l'esclave qui, n'ayant pas de famille, reste le plus souvent définitivement chez lui.

La mission catholique a ainsi acheté des esclaves; la mission protestante a acheté à *Bakel*, en 1877, une petite fille. Les élèves de la pension de M. Liénard, à Annonay, avaient bien voulu se réunir pour former la somme nécessaire à cet achat. C'était une bonne œuvre, car les esclaves ainsi rachetés ne sont pas malheureux à Saint-Louis, et quand ils atteignent leur majorité, ils sont libres.

J'ai cité ces faits pour prouver que les marchés existent. Le prix d'un enfant est de 150 à 200 francs, celui d'un adulte de 250 à 300 francs.

La loi française abolit l'esclavage dans toutes nos colonies. Au Sénégal, les villes de Saint-Louis, Gorée et Dackar sont les seules où l'esclavage soit interdit. Partout ailleurs il y a des esclaves. Un habitant de Saint-Louis que je pourrais nommer, un homme influent et respecté, possède un village peuplé par ses esclaves qui cultivent pour lui une certaine étendue de terrain, à environ 4 kilomètres de Saint-Louis. Il n'est pas le seul; des noirs ont également, dans des villages de l'intérieur, des esclaves qu'ils vendent quand ils ont besoin d'argent. On donne un *homme* pour un *bœuf, quatre* pour un *cheval.*

D'après la loi, tout esclave qui met le pied sur le sol français est libre. Or, des caravanes d'esclaves passent dans nos villes librement, sans être inquiétées. Une seule fois, en 1877, un capitaine, commandant la ville et le canton de Dagana, a arrêté un convoi. *Par ordre supérieur*, il dut rendre les esclaves à leur propriétaire.

Les esclaves maltraités par leurs maîtres, et sachant qu'une loi française abolit l'esclavage, viennent fréquemment se réfugier à Saint-Louis, espérant y trouver la liberté. Vain espoir. L'administration ne la leur refuse pas, non ! Mais elle ne la leur accorde qu'après un séjour de trois mois. En arrivant, l'esclave doit aller se faire inscrire et indiquer sa retraite. Si trois mois après son maître n'est pas venu le réclamer, il peut aller demander un acte de libération qu'on lui donne. Mais si le maître vient (le plus souvent il est à Saint-Louis presque aussitôt que son esclave), il n'a lui aussi qu'à se rendre dans les bureaux de l'administration où il est sûr de recevoir l'autorisation d'emmener *son bien*. Remarquez que l'esclave ne peut se dérober puisqu'il a dû déclarer son nom et son domicile. S'il ne faisait pas cette déclaration, comment pourrait-il prouver plus tard qu'il a passé trois mois à Saint-Louis ?

Ainsi le possesseur d'esclaves est toujours sûr d'obtenir la misérable créature qui est venue nous demander aide et protection. Le gouverneur donne un ordre au commissaire de police, et tout est dit. Je vous envoie deux de ces ordres qui m'ont été remis par un commissaire de police, aujourd'hui décédé (1).

Les esclaves que rend l'administration sont toujours maltraités. Il y a quelques années, l'un d'entre eux fut frappé de *cent cinquante* coups de corde; son dos n'était qu'une plaie sur lequel on mit du sel; deux jours après il était mort. Les malheureux savent ce qui les attend quand leur propriétaire les aura en son pouvoir; aussi se passe-t-il des scènes déchirantes et lugubres pendant que les agents de police les con-

---

(1) On a lu l'un de ces ordres plus haut (page 10).

duisent à leur maître. En 1876, une femme réfugiée à Saint-Louis et réclamée est saisie par la police; pendant qu'on l'entraîne, elle pousse des cris à fendre l'âme. Arrivée sur le pont Faidherbe, elle se jette à l'eau, préférant la mort à la servitude. Elle est sauvée par un noir et remise à son maître qui l'attache sur un chameau et l'emmène. J'ai été témoin de cette scène que je n'oublierai jamais.

En 1877, une jeune fille vient se réfugier chez l'un de nos convertis dont nous avions racheté la femme, esclave à Gandiole; cette jeune fille est reprise par son maître qui veut en faire sa femme (?); elle résiste et est frappée. Pendant la nuit, elle réussit de nouveau à s'échapper et se retire chez notre ami. M. Taylor va la chercher, lui donne des habits de sa femme, la prend à son bras et l'amène. On l'a prise pour Mme Taylor. Après l'avoir cachée trois mois, nous avons obtenu son acte de libération. Elle est aujourd'hui la compagne de l'un de nos convertis que nous avions fait libérer quelque temps auparavant.

En 1871, une esclave de *Gandiole* s'enfuit avec son enfant âgé de deux ans et se réfugie à *Gorée* où je me trouvais en ce moment. Son maître vient l'y chercher; le procureur de la République défend au commissaire de police de la livrer. Un ordre du commandant supérieur du 2me arrondissement oblige le procureur à livrer cette femme qui est embarquée dans un canot et conduite à Dakar où son maître la prend. La malheureuse pleurait et chantait sur un ton plaintif : « Je vais à la mort. » Elle disait vrai. A peine sortie de la ville, son maître la tue d'un coup de fusil et emporte l'enfant. Le meurtrier n'a pas été poursuivi.

Avais-je tort de dire que de pareils faits peuvent se passer de tout commentaire ?

Veuillez, etc.

F. VILLÉGER.

TABLE

---

§ IV

Nos relations avec les pays voisins, p. 65.

Nous ne demandons l'application de la loi que dans les territoires français, p. 66. — Prétendues impossibilités de l'appliquer, p. 66. — Les dangers qu'entraînerait son application sont imaginaires, p. 68. — Traités avec les pays annexés, p. 68. — Coup d'œil historique sur l'accroissement de notre puissance au Sénégal, p. 70.

§ V

Toutes les craintes au sujet de la libération des esclaves fugitifs sont chimériques, p. 71.

Le vide fait autour de nous si nous maintenons notre droit d'asile, p. 72. — Les Anglais affranchissent tous les esclaves qui touchent le sol britannique en Gambie, p. 73. — Document officiel sur ce point du ministère anglais, p. 74. — Lettre de François de Guise, refusant, en 1522, de rendre un esclave réfugié, p. 76. — 800 réfugiés libérés par l'administration du Sénégal, p. 76.

§ VI

Nos chemins de fer en Afrique, p. 77.

Rapport violent du gouverneur contre ceux qui parlent de l'esclavage au Sénégal, p. 78. — Nombreux hommes libres en Sénégambie, p. 79. — Le général Faidherbe, p. 79. — Lettre de M. Teissière, sénégalais : on trouvera pour nos chantiers autant d'ouvriers que l'on voudra, p. 80. — Des citoyens *incarcérés* pour n'avoir pas fourni sur l'heure des animaux réquisitionnés, p. 82. — Deux chalands réquisitionnés par un chef de poste, p. 82. — Lettre des négociants qui s'en plaignent, *retournée* par le gouverneur! p. 83.

§ VII

Trafic d'esclaves dans nos villes avec la participation de l'autorité locale, p. 86.

M. Batut, juge à Dackar, certifie que « l'esclavage existe en plein dans cette ville, » p. 87. — Patente de liberté donnée par un maître de Dackar à une esclave qui se rachète, p. 88. — Lettres d'esclaves de Dackar réclamant au juge leur liberté, p. 88. — Echappatoires de M. le ministre, p. 90. — Les tirailleurs sénégalais recrutés au moyen de la traite, p. 91. — Demande d'enquête, p. 93. — Quel spectacle nous donnons au monde civilisé, p. 94.

§ VIII

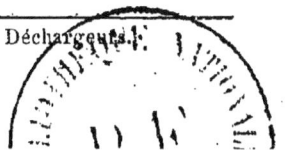

Paris. — Imprimerie Wattier et Cie, 4, rue des Déchargeurs.